Illustration : Francine Auger.

Antoine Labelle, 1833-1891

Pierre Couture

Né à Montréal, Pierre Couture a une formation d'avocat. Il a été reçu au Barreau du Québec avant de poursuivre ses études en sciences politiques et en droit international public à l'Université d'Aix-Marseille. De retour au pays, il entre au service de la société Radio-Canada où, après un court stage à la télévision, il opte pour la radio. Successivement rédacteur, secrétaire de rédaction puis reporter, il se spécialise finalement dans la chronique scientifique.

Auteur de quelques conférences et collaborateur occasionnel de quelques revues comme *FORCES* ou *L'AGORA*, il a publié les récits biographiques de Marie-Victorin et, en collaboration avec Camille Laverdière, de Jacques Rousseau dans la collection « Les grandes figures ».

Pierre Couture est actuellement chroniqueur scientifique à la radio de Radio-Canada.

Dans la même collection

1. Louis-Martin Tard, *Chomedey de Maisonneuve. Le pionnier de Montréal.*
2. Bernard Assiniwi, *L'Odawa Pontiac. L'amour et la guerre.*
3. Naïm Kattan, *A. M. Klein. La réconciliation des races et des religions.*
4. Daniel Gagnon, *Marc-Aurèle Fortin. À l'ombre des grands ormes.*
5. Mathieu-Robert Sauvé, *Joseph Casavant. Le facteur d'orgues romantique.*
6. Louis-Martin Tard, *Pierre Le Moyne d'Iberville. Le conquérant des mers.*
7. Louise Simard, *Laure Conan. La romancière aux rubans.*
8. Daniel Poliquin, *Samuel Hearne. Le marcheur de l'Arctique.*
9. Raymond Plante, *Jacques Plante. Derrière le masque.*
10. André Berthiaume, *Jacques Cartier. L'inaccessible royaume.*
11. Pierre Couture, *Marie-Victorin. Le botaniste patriote.*
12. Louis-Martin Tard, *Michel Sarrazin. Le premier scientifique du Canada.*
13. Fabienne Julien, *Agathe de Repentigny. Une manufacturière au XVIIe siècle.*
14. Mathieu-Robert Sauvé, *Léo-Ernest Ouimet. L'homme aux grandes vues.*
15. Annick Hivert-Carthew, *Antoine de Lamothe Cadillac. Le fondateur de Detroit.*
16. André Vanasse, *Émile Nelligan. Le spasme de vivre.*
17. Louis-Martin Tard, *Marc Lescarbot. Le chantre de l'Acadie.*
18. Yolaine Laporte, *Marie de l'Incarnation. Mystique et femme d'action.*
19. Daniel Gagnon, *Ozias Leduc. L'ange de Correlieu.*
20. Michelle Labrèche-Larouche, *Emma Albani. La diva, la vedette mondiale.*
21. Louis-Martin Tard, *Marguerite d'Youville. Au service des exclus.*
22. Marguerite Paulin, *Félix Leclerc. Filou, le troubadour.*
23. André Brochu, *Saint-Denys Garneau. Le poète en sursis.*
24. Louis-Martin Tard, *Camillien Houde. Le Cyrano de Montréal.*
25. Mathieu-Robert Sauvé, *Louis Hémon. Le fou du lac.*
26. Marguerite Paulin, *Louis-Joseph Papineau. Le grand tribun, le pacifiste.*
27. Pierre Couture et Camille Laverdière, *Jacques Rousseau. La science des livres et des voyages.*
28. Anne-Marie Sicotte, *Gratien Gélinas. Du naïf Fridolin à l'ombrageux Tit-Coq.*
29. Christine Dufour, *Mary Travers Bolduc. La turluteuse du peuple.*
30. John Wilson, *Norman Bethune. Homme de caractère et de conviction.*
31. Serge Gauthier, *Marius Barbeau. Le grand sourcier.*
32. Anne-Marie Sicotte, *Justine Lacoste-Beaubien. Au secours des enfants malades.*
33. Marguerite Paulin, *Maurice Duplessis. Le Noblet, le petit roi.*
34. Véronique Larin, *Louis Jolliet. Le séminariste devenu explorateur.*
35. Julie Royer, *Roger Lemelin. Des bonds vers les étoiles.*
36. Francine Legaré, *Samuel de Champlain. Père de la Nouvelle-France.*

Antoine Labelle

La publication de cet ouvrage a été rendue possible grâce à l'aide financière du ministère du Patrimoine canadien par l'entremise du Programme d'aide au développement de l'industrie à l'édition (PADIÉ), du Conseil des Arts du Canada (CAC), du ministère de la Culture et des Communications du Québec (MCCQ) et de la Société de développement des entreprises culturelles (SODEC).

XYZ éditeur
1781, rue Saint-Hubert
Montréal (Québec)
H2L 3Z1
Téléphone : 514.525.21.70
Télécopieur : 514.525.75.37
Courriel : xyzed@mlink.net
Site Internet : www.xyzedit.qc.ca

et

Pierre Couture

Dépôt légal : 1er trimestre 2003
Bibliothèque nationale du Canada
Bibliothèque nationale du Québec
ISBN 2-89261-349-3

Distribution en librairie :

Au Canada :
Dimedia inc.
539, boulevard Lebeau
Ville Saint-Laurent (Québec)
H4N 1S2
Téléphone : 514.336.39.41
Télécopieur : 514.331.39.16
Courriel : general@dimedia.qc.ca

En Europe :
D.E.Q.
30, rue Gay-Lussac
75005 Paris, France
Téléphone : 1.43.54.49.02
Télécopieur : 1.43.54.39.15
Courriel : liquebec@noos.fr

Conception typographique et montage : Édiscript enr.
Maquette de la couverture : Zirval Design
Illustration de la couverture : Francine Auger
Recherche iconographique : Jacques Richer

LABELLE

Antoine

L'APÔTRE DE LA COLONISATION

éditeur

Du même auteur

Marie-Victorin. Le botaniste patriote, Montréal, XYZ
éditeur, coll. «Les grandes figures», 1996.
Jacques Rousseau. La science des livres et des voyages
(en collaboration avec Camille Laverdière),
Montréal, XYZ éditeur, coll. «Les grandes figures»,
2000.

À Sylviane,
Ma co-aventurière au long cours

… l'écho de mes pas de mes soifs jamais apaisées
Tiré du poème « Mon sable de plage »
Camille Laverdière

Angélique Maher, mère du curé Labelle ;
elle décédera quelques mois après son fils, en 1891.

1

Fils de patriote (1833-1859)

«Ils ont tiré du canon contre l'église. Te rends-tu compte, Antoine? Ils ont tiré contre l'église, à Saint-Eustache.»

Antoine Labelle, père, s'en étouffe presque. Dans son échoppe de cordonnier, il profite des pauses entre deux ressemelages pour expliquer ce drame à son fils. «Ah! C'est très joli ce qu'il a fait, Colborne. L'assassin a mené ses troupes à l'assaut comme s'il faisait la guerre à une autre armée. Des milliers de soldats qu'il avait avec lui, pour attaquer une poignée de civils. Il n'a pas seulement abîmé l'église, il a rasé le village. Il faisait sortir les habitants de leurs maisons! Les femmes et les enfants comme les autres. Dans la neige. Sans leur laisser le temps de prendre des vêtements chauds. Puis, ses soldats étaient invités à tout piller. De la rapine légalisée par le général. Quand ils ont eu les poches bien pleines, Colborne a ordonné de faire brûler le village. On ne l'appelle pas le "vieux brûlot" pour rien. Je ne peux pas te dire ce que ses hommes ont fait aux femmes, tu es trop jeune, mais il n'y a vraiment pas de quoi se vanter… L'armée du pays qui se dit le plus civilisé du monde !

« Moi, je dis que tout ça, c'était décidé d'avance. Le gouvernement en a assez des Canadiens français. Toutes les excuses sont bonnes pour en éliminer le plus grand nombre et pour terroriser les autres. Alors, la moindre protestation est écrasée dans le sang. Pas question de discuter. Pas question de savoir si les gens ont de bonnes raisons de se plaindre. Tuons-en le plus possible. C'est incroyable comme Colborne prend plaisir à exécuter cette consigne. Il n'a pas seulement ravagé tout Saint-Eustache et sa région en 1837 — tu avais seulement quatre ans — mais il a recommencé l'année suivante à Napierville et ailleurs encore. Là aussi, il s'est amusé. Là aussi, il a rasé les maisons de tous ceux qui ne l'ont pas assez léché à son goût. Il a même eu le culot de faire des rafles chez les civils pour les amener devant une cour. Manque de chance, pas un tribunal civil n'a voulu toucher à cette affaire qui sentait trop mauvais. Non, il a dû se tourner vers la cour martiale. Une cour martiale pour des civils… Ça nous montre toute l'humanité du bonhomme et de ceux qui l'entourent. Avec une cour martiale, les choses n'ont pas traîné. Un procès en anglais pour des francophones et puis des sentences exemplaires.

Douze patriotes exécutés et cinquante-huit exilés. Des personnes respectables ont appelé tout cela des meurtres judiciaires.

«Et après? Eh bien! Après, Londres a fait semblant de s'intéresser à la question. Le gouvernement a camouflé ce qu'il a pu et, ensuite, il a envoyé un lord pour faire le ménage. Lord Durham, qu'il s'appelait. Un monsieur pas très fréquentable. D'ailleurs, personne ne voulait l'accompagner. Il a été obligé d'aller fouiller dans les prisons pour trouver du personnel. Il est arrivé ici en étalant une débauche de luxe; il s'est tout de suite abouché à nos pires ennemis, et puis il s'est sauvé avant la fin de son mandat. Ça n'avait pas beaucoup d'importance puisque son rapport était déjà rédigé. Il disait: il faut se débarrasser des Canadiens français. Unissons le Haut et le Bas-Canada, enlevons tout pouvoir aux Canadiens français et dans peu de temps, ils ne seront plus qu'un mauvais souvenir. Quelques années de mort douce et on n'en parlera plus. Alors, et alors seulement, nous pourrons accorder le gouvernement responsable et élaborer un projet d'union fédérale de toutes les provinces d'Amérique du Nord. Londres a trouvé l'idée géniale et l'a mise en application. C'était l'an dernier, en 1840. L'Union, qu'ils appellent ça. L'Union des Anglais contre les Français. Alors, tu comprends, mon Antoine, les Anglais, on ne les aime pas tellement. Ils viennent ici, non pas pour développer le pays, non, ils viennent le piller. Ils n'ont pas l'intention de le mettre en valeur, car ce n'est pas chez eux, ici. C'est uniquement une colonie qu'ils viennent exploiter et raser le plus vite possible. Ensuite, ils iront faire leurs dégâts ailleurs. Souviens-toi de ça : nous, les Canadiens français, nous sommes chez nous ici. Nous n'avons pas d'autre pays que celui-ci. Voilà pourquoi c'est important que les nôtres s'emparent de la terre. Si nous reprenons possession de notre territoire, nous pourrons le faire fructifier. Et alors, les richesses pourront profiter à tout le monde. Pas seulement à la racaille anglaise.»

Après cette tirade, Antoine père s'arrête pour reprendre son souffle. Assis sur son vieux banc de travail tout piqueté par les clous, il remue la chaussure qu'il avait commencée, tire un peu sur le fil avec ses deux aiguilles, une à chaque bout, profite des trous qu'il a déjà percés avec son alène, mais sa pensée est ailleurs. Il a l'esprit en feu, allumé aux brasiers de Saint-Eustache et de Napierville. Il n'est pas sûr que son fils de huit ans ait tout compris, mais il sait qu'il a saisi le sens général : l'avenir repose sur la reprise du sol. Il faut reconquérir le conquérant...

Il fait confiance à son fils, car il le sait d'intelligence remarquable — et déjà remarquée puisque le curé de Sainte-Rose-de-Laval, l'abbé Pascal Brunet, insiste pour lui faire faire des études. Il s'est même proposé comme premier instituteur. En général, ce genre d'offre signifie que le curé trouve son fils digne de devenir prêtre. Quelle consécration pour Antoine Labelle père. Son fils pourrait devenir prêtre. Ça serait magnifique. D'autant plus que ce garçon, il a bien cru jamais ne l'avoir. Il a épousé Angélique Maher il y a déjà un bon bout de temps, mais cette union est longtemps restée stérile. Ce qu'il en a fallu des prières pour qu'enfin sa femme devienne grosse. Ils étaient installés tous deux à Sainte-Rose, dans l'île Jésus, juste en bordure de la rivière des Mille Isles, à deux pas de l'église. Antoine est finalement né le 24 novembre 1833. C'était un gros bébé, vivace et remuant. Il était devenu instantanément l'idole de sa mère, une toute petite femme, menue et fluette, étonnée à ne pas s'en remettre d'avoir pu donner naissance à un enfant si fort. Il sera doublement choyé, tout au long de sa vie, d'autant plus qu'une deuxième neuvaine avait donné une sœur à Antoine, huit ans plus tard. Mais cette petite sœur n'atteindra pas son cinquième anniversaire.

Antoine adore les histoires. Celles qu'on lui narre et celles qu'il peut lire. Lecteur insatiable, il ne trouve rien chez lui, car ses parents sont tous deux analphabètes. En revanche, dès qu'il le peut, il emprunte quelques livres à l'école ou chez le curé Pascal Brunet. Mais, tout boulimique de lecture qu'il soit, il demeure aussi un enfant des champs et de la rivière. Sainte-Rose est un bien petit village : une seule route, flanquée de l'église, du presbytère ainsi que de quelques échoppes et des maisons. Tout autour, il y a les terres bien tenues des agriculteurs de la paroisse. Antoine ne se lasse pas d'arpenter ces paysages de plaine et de longer la rivière débonnaire et piquetée d'îlets où l'on peut pêcher du poisson si bon et si enivrant à capturer. On peut même en attraper à mains nues ; il n'y a rien de plus agréable que de raconter comment, à force de patience, on peut endormir la vigilance du poisson le plus nerveux. Il suffit de se rendre aux endroits où le courant, plus vif, fait défiler l'eau en des rapides attirants. Là, les pierres forment toutes sortes de cachettes recherchées par les poissons désireux de se reposer quelque peu. L'eau leur y apporte « gracieusement » tout l'oxygène dont ils ont besoin sans même qu'ils aient à remuer. Une vraie aubaine. Mais l'eau fait aussi pousser des algues sur les galets. Gare à la glissade. Un moment d'inattention et c'est la baignade imprévue. Ce petit « danger » supplémentaire ajoute au plaisir. Arrivé à pied d'œuvre après avoir pris toutes les précautions nécessaires, il faut sonder de la main les lieux propices. Quand les doigts rencontrent la proie, ils doivent la caresser doucement, sous peine de l'effrayer. À la vérité, le risque est faible, car les poissons semblent apprécier ces amitiés si inhabituelles. Plutôt que de fuir la main, ils la frôlent. C'est le moment d'agir. Il faut repérer les ouïes au jugé — partout ailleurs, le corps du poisson est beaucoup trop gluant pour offrir une prise fiable — et les serrer brusquement. La pêche est faite. La prise peut se débattre tant qu'elle veut; maintenant elle ne peut plus rien. Tout à sa joie, Antoine le pêcheur peut rechercher autant de fois qu'il le désire ce petit frisson de victoire qui lui parcourt l'échine à tous les coups. Il adore ce jeu. Le pantalon remonté jusqu'aux genoux, il s'applique fréquemment à varier l'ordinaire de la table familiale. C'en est d'autant précieux qu'Antoine a un solide coup de fourchette et semble un estomac sans fond. Il a d'ailleurs, très jeune, pris un embonpoint du plus bel effet.

La rivière l'attire en permanence, et souvent, entre deux tâtonnements dans l'eau, il jette de longs regards aux alentours en espérant voir ces montagnes qui, lui a-t-on dit, barrent l'horizon dans les bleutés du lointain. Sans succès bien sûr, car là où il joue, l'œil ne peut guère porter au delà de Sainte-Thérèse. Alors, de retour à la maison, il harcèle son père de questions à leur sujet. Il sait déjà qu'on les appelle Laurentides. Pour le reste, il doit imaginer. Tout ce que son père et le curé Brunet peuvent en dire, c'est que le monde connu finit là. Ces montagnes forment une barrière réputée infranchissable. Seuls les bûcherons s'y aventurent. Peut-être...

C'est bien le seul domaine où son entourage admet l'ignorance. D'habitude, tout est connu, classé, décidé d'avance. Ainsi, dès l'âge de cinq ans, Antoine se met à fréquenter l'école. Les querelles interminables entre l'occupant anglais et les représentants du peuple ont sérieusement désorganisé le système scolaire. Mille trois cents écoles primaires ont été fermées, parce que l'occupant anglais refuse de respecter la volonté des représentants que le peuple a élus démocratiquement. N'empêche. Le curé Brunet a bricolé une école de fortune — une «école de fabrique» — au village pour y accueillir les enfants de ses paroissiens. Pendant six ans, Antoine y sera étroitement encadré dans l'espoir qu'il devienne un futur collègue. Le curé Brunet a rapidement repéré ses aptitudes. À l'instar de tout le clergé, il est toujours à l'affût des belles intelligences et s'emploie ensuite à y susciter la vocation sacerdotale. Il fait donc participer Antoine au soin de l'église, le nomme enfant de chœur, lui confie les tâches les plus susceptibles de faire naître dans cette jeune âme un début de familiarité avec le divin. Jusqu'à l'âge de onze ans, la jeune recrue est ainsi fermement dirigée — sans qu'il y paraisse — vers la théologie et la prêtrise. Insensiblement. Par degrés, l'idée s'est imposée, est devenue évidente. C'est ainsi qu'à la rentrée de septembre 1844

— Antoine n'a pas encore tout à fait onze ans — il entre au collège séminaire de Sainte-Thérèse, juste de l'autre côté de la rivière. Traverser cette rivière, quitter son père et surtout sa mère — sa «mouman» comme il l'appellera toujours — voilà un choc terrible. D'autant plus que le confort s'y révèle plus que rudimentaire.

Le curé Ducharme a installé son «petit séminaire» sous les combles du presbytère, dans un bric-à-brac où se mêlent articles de classe et literie. Mais Antoine s'y fait rapidement et, rapidement aussi, il devient l'un des phares du modeste établissement. Il a conservé son appétit pour les livres et dévore tout ce qu'il peut trouver en matière d'histoire et de philosophie. L'agronomie et en général les informations techniques sur les métiers manuels le passionnent également. Bien servi par sa mémoire incollable, il se lance volontiers dans des conférences impromptues où ses lectures de l'heure sont resservies généreusement. Il a d'ailleurs un tel faible pour Auguste Nicolas [1] — «Nicolas a dit ceci et Nicolas soutient cela» — que pendant un temps on ne l'appelle plus que «Nicolas». Néanmoins, bien servis par sa taille de géant (outre sa forte charpente, il fait bien son mètre quatre-vingt-cinq et dépasse de plus d'une tête la plupart des gens de son entourage), ses talents d'orateur finissent par être reconnus. Les élèves l'élisent président de la Société

---

1. Auguste Nicolas (1807-1888). Apologiste français à succès qui, dans ses nombreuses œuvres grand public, a entrepris de combattre le scepticisme voltairien en vogue. Il a fait la conquête d'Antoine Labelle en soutenant, partout et toujours, que la religion, loin de combattre le progrès, marche la main dans la main avec lui.

grammaticale et vice-président de la Société littéraire
térésiennes. Activité débordante donc, qu'il vient enrichir en jouant du cornet. Le collège a une fanfare. Il
en est. En 1852, il est reçu bachelier et prend la soutane,
ce même été. Il prend la soutane, mais n'est pas encore
prêtre. Il doit d'abord compléter sa cléricature, ce qu'il
fera en deux étapes. D'abord à Sainte-Thérèse, toujours, où durant trois ans, en plus de parfaire ses
connaissances, il participe à la vie pédagogique du
collège. L'Église manque de prêtres et de pères à cette
époque ; en conséquence, l'évêque Ignace Bourget
compose avec ce qu'il a. Les clercs doivent — en plus
de se former eux-mêmes — contribuer à former les
plus jeunes. Antoine assure donc successivement la
surveillance des salles d'études, l'enseignement du
français puis du latin. Seule sa quatrième et dernière
année sera véritablement orthodoxe, puisque alors il
pourra s'inscrire au Grand Séminaire de Montréal. En
1856, il a terminé son cours et il est prêt à devenir
prêtre. Hélas, il n'a même pas vingt-trois ans encore,
alors qu'il faut habituellement en avoir vingt-quatre
pour accéder à la prêtrise. Qu'à cela ne tienne. Le jeune
évêque Pierre-Adolphe Pinsonnault, qui lui-même vient
tout juste d'être nommé à London, dans le Haut-
Canada, lui accorde la dispense nécessaire et se charge
de l'ordonner en personne, chez lui, à Sainte-Rose, le
premier juin 1856. Journée magnifique, inoubliable.

La vie n'en continue pas moins pour autant et, la
fête à peine terminée, Antoine est convoqué chez
l'évêque de Montréal, le puissant Ignace Bourget. Un
Ignace Bourget au sommet de sa forme, un combattant

de l'Église catholique et un soldat du Pape bien décidé à maintenir et même à étendre, dans l'Amérique du Nord anglo-protestante, l'aire d'influence du catholicisme français. Bien décidé aussi à faire prévaloir partout et toujours les vues de Rome [1]. Envers et contre tous. Surtout contre les libéraux de l'Institut canadien qui ont osé voir dans la religion un frein au développement et au progrès, un asservissement à un empire — celui de Rome — aussi impérial et abusif que l'anglais. Tout géant qu'il soit, Antoine ne manque pas de ressentir un malaise au creux de l'estomac. Être convoqué par son supérieur a toujours son petit côté intimidant, même si cette convocation est tout ce qu'il y a de routinier. Subitement, toutes ses leçons de stoïcisme sont oubliées et c'est avec des visions de catastrophes potentielles que le tout nouveau prêtre se présente devant son évêque. Bien sûr, celui-ci en a vu d'autres et montre beaucoup d'aisance en ces matières. D'ailleurs, il procède toujours ainsi: dès qu'un clerc vient d'être ordonné, il se ménage une entrevue avec lui pour lui expliquer ce qui l'attend et ce qu'on attend de lui. Il donne à l'impétrant, en raccourci et au trot, tout un cours de vie réelle: comment se comporter avec les malades, les indigents, les enfants; comment agir, non seulement pour les prendre sincèrement en charge, mais aussi pour maximiser les retombées de sympathie et de reconnaissance envers l'Église. Car le sacerdoce est aussi apostolat: il ne suffit pas d'encadrer et de maintenir le troupeau des fidèles, il faut aussi l'accroître.

1. Mgr Bourget est tellement entiché de Rome — c'est un ultramontain intraitable — qu'il a même imposé à son clergé d'abandonner le rabat français au bénéfice du col romain.

Mgr Bourget n'épargne aucun de ces détails à Antoine Labelle. Il respecte avec lui son rituel coutumier, mais quelque chose chez ce nouveau sujet le gêne. Voici une recrue admirable, excellente même, qui a de bonnes notes et qui a fait l'objet de rapports élogieux. Il faudrait se réjouir. Pourtant, l'évêque n'est pas entièrement satisfait. Il trouve que cette pâte manque de fini. Antoine Labelle a conservé de ses origines modestes un langage très éloigné de l'onctuosité ecclésiastique. Son vocabulaire sent plus l'atelier et l'étable que la chaire. Comment y remédier? C'est décidé, il l'envoie chez le curé Janvier Vinet, dans la paroisse du Sault-au-Récollet[1]. Ce curé est en effet d'origine aristocratique — d'ailleurs il finira monseigneur lui-même. Il a tout ce qu'il faut pour inculquer à son vicaire les bonnes manières jugées essentielles. Antoine Labelle y reste trois ans, assez pour apprendre les rudiments du métier et pour prendre goût aux vins et aux cigares fins. Pour l'onctuosité, il faudra repasser.

---

1. Cette paroisse, située en bordure de la rivière des Prairies, s'enorgueillit de posséder, de nos jours, la plus ancienne église de toute l'île de Montréal.

Le curé Labelle au début de sa prêtrise ;
il a été ordonné prêtre le 1er juin 1856, à Sainte-Rose.

2

Les paroisses du sud (1859-1868)

En mars 1859, Antoine Labelle est tiré de l'ambiance ouatée du Sault-au-Récollet, et poursuit sa descente vers le sud puisqu'il est immédiatement affecté à Saint-Jacques-le-Mineur[1], paroisse toute récente dont le curé, jeune encore mais de santé fragile, est débordé par sa tâche[2]. Saint-Jacques présente la particularité d'avoir été conçu par une spéculatrice, Marie-Flavie Raymond. La paroisse elle-même n'avait été érigée qu'en 1840, mais Mme Raymond, fille d'un riche commerçant de Laprairie, avait déjà entrepris de

1. En Montérégie actuelle.
2. Bien que de santé fragile, le curé Morin occupera néanmoins la cure de Saint-Jacques durant 46 ans, de 1852 à 1898, année de sa mort.

vendre ses terrains dès 1823. L'emplacement était
assez exigu et ne contenait guère que trente-six arpents
divisés en soixante-trois lots. Mme Raymond s'était
chargée elle-même de la division de ses lots et avait
imposé à ses acheteurs de clôturer leurs terrains et d'y
bâtir une maison dans les deux ans suivant la transac-
tion. La plupart des acheteurs venaient de Laprairie et
de Saint-Philippe, sans doute parce que les routes les
reliant avec Saint-Jacques sont apparues plus tôt
qu'ailleurs. Village de carrefour, Saint-Jacques comptait
un magasin et quelques artisans. À vrai dire, Antoine
Labelle n'a pas le temps de se renseigner sur cette
histoire, car il ne reste vicaire de Saint-Jacques que
quelques mois.

Dès décembre 1859, Mgr Bourget le nomme
curé à Saint-Antoine-Abbé, paroisse frontalière casse-
cou, peuplée de protestants querelleurs et d'Irlandais
catholiques plus querelleurs encore où les catholiques francophones sont à peine tolérés. Nommer un
curé si jeune [1] dans un endroit si difficile... mais
l'évêque n'a guère le choix puisqu'il manque de personnel. De plus, il pense que le nouveau curé Labelle
saura en imposer par sa seule présence. Première
tâche : faire en sorte que la paroisse soit érigée en
municipalité et dotée d'une commission scolaire. Or,
les protestants anglophones ont joué un mauvais tour
à leurs concitoyens. Partitionnistes déjà, ils ont obtenu que le territoire où ils sont implantés soit dé-
taché de la seigneurie de Beauharnois, transformé en

---

1. En 1859, Antoine Labelle n'a que vingt-six ans. Sa nomination en fait
le plus jeune curé de tout le diocèse. Le plus lourd aussi : sa fourchette l'a
trahi et il atteint maintenant le formidable poids de 150 kg.

canton et rattaché au comté de Huntingdon. Et, bien sûr, la création de cette petite enclave fermée bloque la municipalisation de Saint-Antoine-Abbé. Le curé tout neuf en fulmine. Ce nouveau coup bas des «Anglais» lui rappelle les injustices commises contre les siens en 1837. Les récits de son père lui reviennent en mémoire et il prend là, à nouveau, la décision de tout remuer pour rétablir un minimum de justice. Il fait donc le siège des députés et du gouvernement et tâche d'amadouer sur place les intéressés. Il obtient même le dépôt, au Parlement du Canada-Uni, d'un projet de loi rescindant la séparation du canton. Le projet de loi est malheureusement défait, lors de la séance du 10 mai 1861, et, de surcroît, par deux députés du Canada-Est, députés qu'il dénonce à Mgr Bourget en n'hésitant pas à les considérer comme des traîtres. Il demande à chacun de se souvenir de cet épisode au moment des prochaines élections lorsque les députés Ouimet et Morin viendront se présenter comme les défenseurs de leur peuple...

Ce nouveau contretemps le taraude cependant. L'hostilité des Anglais l'indispose, tout comme ses ennuis pécuniaires sans fin. Curé missionnaire, il partage les vicissitudes de ses paroissiens. La crise économique frappe durement et les revenus de la cure demeurent ridiculement bas. Même l'évêché ne peut pas grand-chose pour lui et ne lui offre en consolation que des sympathies face à sa bourse désespérément plate. Soudainement, sa situation lui apparaît dans son absolue précarité. Même ses efforts pour le bien commun lui semblent vains, risibles peut-être. N'aurait-il pas mieux fait de s'enfermer dans un monastère, loin des agitations futiles? Surtout que son père est atteint du mal de Pott, une forme de la tuberculose qui se jette sur les vertèbres. Dès qu'il l'a appris, il l'a fait venir à son presbytère avec sa mère, mais depuis, le pauvre homme ne cesse de décliner. Il souffre atrocement et tout indique que son esprit lui-même est atteint. Cela aussi contribue à déprimer le fils. De voir ainsi son père, qui avait été la bonté incarnée, aussi diminué le mine profondément[1]. Il arrive quand même à se ressaisir.

Homme d'action avant tout, il se remet à l'étude d'un problème qui dépasse largement le cadre de sa petite paroisse : l'émigration massive des siens vers les États-Unis. Déjà, au mois de novembre 1860, il a eu l'occasion, la chance insigne même, de rencontrer un auteur français qu'il admire beaucoup : François-Edme Rameau de Saint-Père. Rameau avait publié l'année précédente un ouvrage ayant connu un retentissement énorme chez les intellectuels du Bas-Canada. *La France aux colonies* montrait aux Français de France que leurs descendants d'Amérique, bien que sujets britanniques, étaient encore bien vivants et plus Français que jamais. Mais en outre, le traité s'intéressait de près au sujet d'inquiétude de tous les dirigeants bas-canadiens, c'est-à-dire l'exil états-unien. Bien plus, il proposait une solution. C'est de cela qu'Antoine Labelle s'est entretenu avec Rameau de Saint-Père. Ce dernier estime en effet que les Canadiens français doivent de toute urgence enrayer le dépeuplement de

---

1. Antoine Labelle, père, mourra le 31 décembre 1861. Son épouse, veuve désormais, continuera d'habiter partout avec son fils, auquel elle survivra six mois d'ailleurs.

leur territoire. Ils doivent même entreprendre la conquête de tout le nord du Bas-Canada ainsi que celle de tout le nord-ouest canadien. À son avis, il est possible de peupler valablement et rentablement ces supposés déserts. Au lieu de se laisser encercler par l'élément anglophone, il faut réagir, briser les barrières, s'emparer du sol. C'est d'une bonne partie du continent que les Canadiens français ont besoin. Ils doivent aller la chercher et s'y implanter fermement.

La France aux colonies a allumé de petites flammes dans de nombreuses prunelles. Chez Antoine Labelle, l'ouvrage a déclenché un incendie. Quand Rameau de Saint-Père vient au Bas-Canada en tournée de promotion, Antoine Labelle n'a donc rien de plus pressé que d'aller le rencontrer. Soucieux des mêmes choses, les deux hommes deviennent instantanément amis et se promettent dès lors de s'épauler dans toutes leurs entreprises. Pour Antoine Labelle, Rameau et son livre contribuent à alléger son fardeau. Bien sûr, l'exode demeure aussi réel, mais il engendre moins d'anxiété maintenant qu'il peut être combattu et vaincu. Revenu chez lui et poursuivant sa réflexion, Antoine Labelle commence à comprendre ce que ce mouvement vers les États-Unis a de voulu, de provoqué et d'entretenu par les occupants britanniques. Il ne leur déplaît pas, en effet, de voir le peuple francophone mourir de faim sur ses terres trop petites. Il suffit de le garder cantonné assez longtemps dans les anciennes seigneuries. Avec leurs grosses familles, les Français sont rapidement forcés de choisir entre morceler leurs terres à l'extrême — un véritable suicide économique — ou bien s'exiler — un autre suicide. La stratégie est claire: mine de rien, en ayant l'air de ne pas y toucher, les Anglais auront bientôt anéanti le fier peuple français d'Amérique et pourront faire main basse sur son patrimoine.

En 1755, ils avaient déporté presque tout le peuple acadien pour lui voler ses biens et, en particulier, ses terres. Pire encore. Ils avaient tiré sur ceux qu'ils déclaraient retardataires. Les Acadiens comme gibier. Ils s'étaient bien occupés à descendre ces gens sans défense. Au XIXᵉ siècle, même plus besoin de prendre cette peine, surtout que le plomb finit par coûter cher, le transport maritime encore plus... Pourquoi engager de si fortes dépenses, alors qu'il suffit de poser un garrot et d'attendre? En même temps, il n'y a pas lieu de se gêner dans les terres non seigneuriales. Là, la spéculation peut déjà s'exercer sans frein. Ce jeu artificiel est d'autant plus intéressant que de faire ainsi grimper les prix interdit aux Français de s'installer dans ces nouveaux territoires, dont ils auraient pourtant désespérément besoin. Pas étonnant que l'émigration soit si puissante: tout y pousse. Ce stratagème semble si lumineux, si clair que déjà, les contours d'un plan s'échafaudent dans le cerveau du curé. Il faudra démasquer les arrière-pensées des occupants et les combattre avec la dernière énergie. Bien sûr, il y faudra des moyens importants, certainement plus importants que ceux dont il dispose à Saint-Antoine-Abbé. Pour le coup, son vague-à-l'âme le reprend. Pourtant, il n'a rien à se reprocher. Au contraire, il a de quoi se féliciter puisqu'il a sensiblement redressé la situation difficile qu'il avait trouvée à son arrivée.

Le curé Labelle a d'ailleurs fortement impressionné Mgr Bourget. Or ce dernier recherche justement une espèce d'homme de main, un curé «à poigne». C'est qu'en effet l'évêque a mis le pied dans un guêpier dont il ne sait plus s'extirper. Sous le régime de l'Union des deux Canadas, imposé par Londres contre les Canadiens français en 1840, un nouveau système municipal a été institué, et le jeu des divers règlements fait en sorte que désormais un territoire déjà constitué en paroisse a de bien meilleures chances d'être érigé en municipalité qu'un territoire non encore organisé. Dès 1841, les gens de la seigneurie de Lacolle ont donc assailli l'évêque pour obtenir leur paroisse. Bien diplomatiquement, ils ont allégué tous les motifs à la mode — l'éloignement excessif de l'église la plus proche, l'état indescriptible des chemins, l'impossibilité de faire éduquer leurs enfants dans la religion catholique… Très rapidement, Mgr Bourget avait dépêché sur place le curé Charles Laroque, de Sainte-Marguerite-de-Blairfindie (L'Acadie), la paroisse voisine. Ce dernier avait immédiatement mis le doigt sur la difficulté implacable de ce dossier : le centre géographique de la seigneurie se trouve dans le rang Saint-André. Or, il n'y a presque pas de résidents dans le rang Saint-André. En tout cas, rien qui ressemble de près ou de loin à une agglomération. Autrement dit, pas question de construire l'église dans ce rang : il faudra privilégier l'une des extrémités de la seigneurie tout en prévoyant déclencher une tempête de protestations dans l'autre.

Saisi par l'urgence de cette affaire, Mgr Bourget a laissé dormir le projet une bonne vingtaine d'années, mais, en 1860, ce n'est plus possible. Il érige donc la mission de Saint-Bernard-de-Lacolle en paroisse et, en juillet 1861, il se rend sur place pour choisir l'emplacement de l'église. Ce sera dans le rang Saint-Claude. Donc du côté est, à l'immense plaisir des gens de Lacolle, mais à la grande déconvenue de ceux de Henrysburg. Depuis cette visite, l'évêque est bombardé des requêtes les plus contradictoires, qui pour applaudir à son choix et en demander la confirmation concrète, qui pour le faire annuler, qui encore pour le menacer de représailles. Mgr Bourget devient rapidement allergique à ce dossier et cherche à s'en décharger sur quelqu'un qui ne faiblira pas. Son curé géant de Saint-Antoine-Abbé fera sans doute l'affaire. C'est ainsi qu'Antoine Labelle est nommé curé de Saint-Bernard-de-Lacolle, le 17 février 1863. Hélas, il retrouve sur ce nouveau champ de bataille une situation aussi décourageante que celle qu'il vient de quitter. Les catholiques de sa paroisse ont longtemps été minoritaires et ont surtout été en butte aux tentatives délibérées du seigneur William Plenderleath Christie pour les convertir au protestantisme. Christie est une espèce de fanatique anti-français qui effraie même Jacob Mountain, le chef de l'église anglicane dans les deux Canadas. À son avis, la conversion au protestantisme serait le premier pas vers l'anglicisation et la disparition de cette culture franco-catholique qu'il méprise tant. Il a d'ailleurs fait venir les missionnaires suisses protestants Louis Roussy et Henriette Feller à cette fin. De plus, il a marqué naguère un point important, qu'il n'a pas manqué d'exploiter à fond à des fins de propagande: en 1853, le curé Joseph Dallaire — de

Saint-Bernard — a déserté la mission et s'est installé avec sa ménagère à Perry's Mills, aux États-Unis, où il s'est établi comme pasteur baptiste[1].

Mgr Bourget attend de son délégué qu'il redresse rapidement la situation. Et... pas besoin de mettre des gants. Première tâche : régler la question de l'église une bonne fois pour toutes. L'emplacement a été choisi par l'évêque ; il est donc devenu intangible. On ne peut envisager de le remettre en cause, d'autant plus que les paroissiens Antoine Richard et François-Xavier Dumas ont donné chacun un lopin de terre de trois arpents pour accueillir l'édifice sacré. Le curé Labelle s'arrange donc pour faire élire rapidement les syndics de son choix, des hommes qui n'ont pas plus froid aux yeux que lui. L'équipe procède immédiatement et aucune menace de poursuites judiciaires ne la ralentit. Dès 1863, l'architecte est choisi. Le curé Labelle, qui a pris des goûts de luxe auprès du curé Janvier Vinet, du Sault-au-Récollet, n'entend pas lésiner. Il embauche carrément Victor Bourgeau[2] pour faire dresser les plans et devis. En même temps, il recrute à Yamachiche les artisans spécialisés auxquels il confie la construction de l'église, de la sacristie et du presbytère.

1. Le curé Labelle ira le rencontrer en 1865 pour tâcher de le ramener à la « raison », mais sans succès.
2. L'architecte Victor Bourgeau a notamment été envoyé à Rome en 1856 étudier Saint-Pierre de Rome. Mgr Bourget, dont la cathédrale (alors située à l'emplacement actuel de l'église Saint-Jacques, intégrée dans le pavillon Judith-Jasmin de l'UQAM) a été rasée par le feu en 1852, voulait construire au Mont Saint-Joseph (Square Dominion) une nouvelle cathédrale ressemblant à Saint-Pierre. Victor Bourgeau lui semblait l'artiste tout désigné pour accomplir cette copie réduite à l'échelle. Le prestige de l'architecte en avait évidemment été accru.

Il ne verra jamais ces constructions achevées puisqu'il quittera Saint-Bernard-de-Lacolle pour Saint-Jérôme en 1868, mais entre-temps, il aura amplement l'occasion de déborder le secteur des activités purement ecclésiastiques pour toucher à bien d'autres aspects de la vie civile et sociale, l'éducation par exemple. Lacolle est un peu privilégiée. Alors que l'enseignement primaire normal ne dure que quatre ans, les commissaires de Saint-Bernard ont obtenu l'implantation du «cours modèle», c'est-à-dire un programme enrichi qui ajoute les cinquième et sixième années. Or, ce cours est dispensé par William Harty, un notable qui a longtemps été commissaire d'écoles et qui a aussi siégé deux fois comme maire. Il a toutefois le tort d'être célibataire. Aux yeux du curé Labelle, il est inadmissible qu'un célibataire enseigne à des jeunes filles. Encore tout imprégné de l'atmosphère intellectuelle du Grand séminaire de Montréal et en contact soutenu avec son évêque, Antoine Labelle applique sans trop y réfléchir les consignes formelles en vigueur dans le diocèse et il mène la vie dure à Harty. Et cela ne suffit pas à étancher sa soif d'action. C'est ainsi qu'il va jusqu'à s'intéresser à la vie de la milice. Lacolle vit en effet — avec inquiétude ou amusement selon le cas — la menace fénienne. Les Féniens sont des patriotes irlandais qui ont formé une confrérie à New York en 1857 ; le principal objectif de cette organisation révolutionnaire est de déstabiliser l'empire britannique et de recueillir des appuis en territoire américain. Contrairement aux Canadiens français qui font allégeance à la couronne britannique ou qui supportent son poids avec indifférence, ces Irlandais sont déterminés à libérer leur pays.

Dans cette perspective, la guerre de Sécession, qui débute en 1861, leur semble du pain bénit. En effet, les Anglais appuient le Sud avec assez peu de discrétion et ne se privent pas de gêner le Nord dès que l'occasion s'en présente sans trop de risques. Les Féniens s'avisent alors qu'ils pourront facilement harceler les colonies britanniques et, en particulier, le Canada-Uni, tout en se repliant dans les États du Nord, en cas de besoin. Leur objectif : marquer en Amérique du Nord des points militaires importants qu'ils pourront ensuite monnayer pour se débarrasser de l'envahisseur chez eux.

Assez étonnamment, le curé Labelle n'épouse pas ce raisonnement. Fils de Patriote, il se range néanmoins du côté de son évêque. Mgr Bourget, qui a bénéficié de la tolérance de l'occupant, renvoie l'ascenseur en imposant à ses ouailles le respect de l'autorité établie. Autant il avait condamné les Patriotes en 1837 et 1838, autant il s'oppose à toute aide aux rebelles irlandais. Le curé Labelle adopte et répète la même formule. Il va même plus loin. Il empoigne au bras le chef de la milice locale, Gustave Drolet, et lui fait remarquer que ses exercices militaires manquent d'entrain, car il n'a même pas de clairon à faire entendre à ses troupes. Se souvenant de la fanfare de Sainte-Thérèse et du cornet à piston qu'il y jouait, le curé propose de se charger de la musique de marche, ce qui déborde largement ses attributions d'aumônier. Il se rend directement à Montréal où il déniche, chez un marchand d'occasion, un énorme clairon à clefs. C'est le plus gros instrument du genre qu'on ait jamais vu à Lacolle. À peine revenu, monsieur le curé met en valeur la puissance de ses poumons et de ses lèvres pour évacuer quelques notes bien intentionnées. Tout le village en est saisi et les Féniens n'ont qu'à bien se tenir ! Dans les semaines suivantes, Antoine Labelle met de côté toutes les affaires mineures pour se consacrer à l'urgence de l'heure : retrouver sa dextérité manuelle afin de doter la milice d'un clairon habile à les faire manœuvrer. À toute heure du jour et du soir, les villageois « profitent » de ces exercices un peu lassants à la fin. Les gammes du curé deviennent finalement plus préoccupantes que la menace fénienne elle-même, et chacun se met à imaginer le meilleur moyen de s'y soustraire. Un jour, quelques jeunes plus hardis que les autres ou moins paralysés par le prestige de la soutane s'introduisent en douce dans le presbytère et arrachent une clef à l'instrument, le rendant définitivement hors d'usage. Le glas vient de sonner pour cette brillante carrière musicale. Juste au moment où la forme revenait...

Une autre de ses entreprises durera plus longtemps, en revanche : la lutte contre l'émigration. Déjà à Saint-Antoine-Abbé, il avait été affligé par ce flux suicidaire. À Saint-Bernard, il retrouve ces régiments de pères de famille, incapables d'installer leurs fils sur des lopins corrects, ne voulant plus morceler dangereusement leurs fermes et qui traversent le village en évitant de le regarder. Ils quittent massivement leurs foyers, la plupart pour l'Illinois où, paraît-il, l'herbe est plus verte. Un confrère, le père Charles Chiniquy[1], prêche même cette désertion. Antoine Labelle ne s'en remet pas. Cet

1. Prêcheur réputé contre les méfaits de l'alcoolisme, le père Chiniquy perdra tout prestige, plus tard, lorsqu'il se convertira au protestantisme. Le Québec n'apprécie guère les « vire-capot ».

exode massif le blesse dans sa chair. Enrayer le mouvement deviendra l'œuvre de sa vie. Mais pas avant d'avoir lui-même été durement éprouvé par la tentation. Les temps sont durs en effet. Il a connu la disette à Saint-Antoine-Abbé; ce n'est guère mieux à Saint-Bernard. Il n'a quasi aucun revenu alors qu'aux États-Unis, précisément dans les paroisses fondées par les émigrants, les curés sont attendus les bras ouverts et ils y touchent des redevances spectaculaires. Pauvreté au nord du 45ᵉ parallèle, opulence au sud… Pendant un court moment, Antoine Labelle, le futur chantre de la colonisation des Laurentides, le futur «Roi du Nord», flanche. Mettant de côté les leçons de son père et remisant Rameau de Saint-Père sur les tablettes, il écrit à Mᵍʳ Bourget, le 12 novembre 1867, pour lui demander la permission d'émigrer à son tour et de suivre le flot à la poursuite de la richesse. Il est couvert de dettes, il sait qu'en vendant ses maigres possessions, il n'arriverait même pas à satisfaire ses créanciers, et il se doute bien que l'évêché ne pourrait pas grand-chose pour lui. De plus, le Canada confédéral qui vient de naître, il y a quelques mois, ne lui dit rien de bon. La conclusion lui semble évidente: il doit aller chez les Américains, remettre de l'ordre dans ses finances, payer le solde de ses emprunts et, surtout, assurer un soutien convenable à sa mère qui dépend désormais entièrement de lui. Recevant la missive, Mᵍʳ Bourget s'alarme un peu de la requête malgré toutes les circonlocutions dont elle est enveloppée: il manque déjà de personnel, et il ne peut se permettre de perdre un seul soldat. Au dos du document, il écrit, d'une écriture pincée: «Il ne peut plus tenir à Lacolle.»

Le curé Labelle sur les bords de la rivière du Nord à Saint-Jérôme vers 1880, aux chutes Sanderson (Wilson), à proximité desquelles sera construite la pulperie Delisle.

3

Une frontière infranchissable (1868)

E nfin une paroisse organisée! Les missions le long de la frontière américaine, c'est bien joli, mais ça ne nourrit pas son homme ; surtout pas un homme comme lui à l'appétit pantagruélique. Bien sûr, les pauvres cultivateurs qui s'échinent à rendre productives les terres boisées du sud ont bien du mérite et bien sûr, ils ont droit comme tout un chacun aux secours de la religion. Mgr Bourget a parfaitement raison de se soucier de ces fidèles dans le besoin, mais, que le Ciel en soit loué, ce n'est plus à Antoine Labelle qu'il confie cette tâche. L'évêque a bien senti un domaine de fragilité chez son curé et, habilement, il le soustrait au risque en l'éloignant de la frontière. Le clergé est trop clairsemé et le curé Labelle a, en lui, trop de force inexploitée par ailleurs pour laisser perdre une telle ressource.

La paroisse de Saint-Jérôme, au nord de Montréal, se trouvait justement libre… Ce n'est pas le pactole, évidemment, mais au moins ce n'est plus le pays de missions. Érigée en paroisse en 1832, Saint-Jérôme bénéficie d'un curé résident depuis 1837. Elle possède en outre toute l'infrastructure de base avec son église, ses écoles et même un couvent de sœurs et, ce qui n'est certainement pas à dédaigner, son presbytère affiche des dimensions impressionnantes. Avec sa haie d'érables et sa galerie à colonnade, il projette une image de puissance établie du plus bel effet. L'intérieur est à l'avenant et propose des avantages tout à fait délectables : dix pièces cossues et meublées avec goût. Madame Angélique Maher-Labelle pourra y officier en grand pour soutenir les œuvres de son fils. Mieux encore, les finances sont à peu près en ordre et l'inventaire fixe à plus de vingt mille dollars la valeur des biens immeubles de la cure tandis que l'encaisse dépasse les deux mille dollars. Antoine Labelle s'en réjouit d'autant plus qu'il pourra enfin rembourser progressivement les créanciers insatiables qu'il cumule depuis ses débuts dans la prêtrise. Là-dessus, la population locale lui réserve un accueil des plus chaleureux. Sa taille et son embonpoint font d'ailleurs merveille ! Déjà, à Lacolle, les paroissiens chuchotaient qu'ils avaient hérité d'un « joli commencement de curé ». Bref, Antoine Labelle exulte.

À la fin du mois de mai 1868, le voilà à la tête d'une paroisse prospère de trois mille six cents habitants, aux deux tiers agriculteurs, mais dont le noyau villageois connaît une expansion remarquable puisqu'il agit en fait comme véritable métropole régionale de tout l'arrière-pays. Les agglomérations de Saint-Hippolyte, Saint-Sauveur, Sainte-Marguerite, Sainte-Adèle, Sainte-Agathe, Sainte-Lucie, d'autres encore, constituent autant d'avant-postes et demeurent économiquement très liées à Saint-Jérôme, qui leur a d'ailleurs fourni la majorité de leurs premiers habitants. En outre, la paroisse amorce son industrialisation. Traversée par la rivière du Nord, elle propose aux entrepreneurs d'importants «pouvoirs d'eau». En cette période magnifique où le génie humain a entrepris de remplacer la force animale par l'hydraulique et le doigté de l'artisan par la rapidité et la fiabilité de la machine, le «Portique du nord[1]» dispose, avec les rapides de sa rivière, d'un atout maître très appréciable. D'ailleurs, les plus clairvoyants ne s'y sont pas trompés et ont déjà installé leurs entreprises. C'est un vrai bonheur de regarder les moulins à farine, à scie, à carder et même la manufacture de draps exploiter les bienfaits conjugués de la gravité et de la pente.

Tout de suite, Antoine Labelle a une illumination. Toutes ces industries auront besoin de main-d'œuvre qualifiée. Voilà un nouveau débouché pour ceux qui, autrement, pourraient céder à la tentation de l'exil. Franchement, il ne peut plus supporter la vue de cette saignée sans fin. Un jour, sans crier gare, une famille fait encan pour se départir de ses meubles, vend sa maison ou la placarde en cas de mévente, met enfants

---

1. Saint-Jérôme, ainsi que la désignera plus tard le célèbre Arthur Buies.

et dernières possessions sur une voiture et part vers les *États*. Les plus fortunés sautent même dans le train pour arriver plus vite. Les sirènes américaines chantent comme pas une et beaucoup de ces familles succombent. Puis, les voisins imitent les voisins et les hameaux se vident les uns après les autres. Une véritable épidémie de désertion. Pour Antoine Labelle, tout est clair. Il faudra mettre fin à cet anéantissement collectif à petit feu, il faudra à tout prix garder les travailleurs ici. Il faudra... Il faudra surtout les former. Comment ? Les filles ont leur couvent, mais les garçons ? Il y a bien une école laïque au village, tenue par Alexandre Green, mais Antoine Labelle ressent toujours une espèce de pincement quand des laïques se mêlent d'éducation. De plus, l'école du « Père Green », comme on l'appelle, a une capacité d'accueil nettement insuffisante. Or, c'est par centaines qu'il faudra former les jeunes garçons. Et non pas les former dans l'espoir d'en faire des centaines de curés. Non, ce n'est pas d'un séminaire que Saint-Jérôme a besoin, mais bien plutôt d'une école formant aux techniques et au commerce. Pas une école tenue par des prêtres, une école de frères. Ça, c'est l'avenir.

Avec l'appui de Mgr Bourget, Antoine Labelle s'adresse d'abord aux clercs de Saint-Viateur, mais sans succès car leurs effectifs leur semblent trop réduits pour se lancer dans l'aventure. Se rabattant alors sur les clercs de Sainte-Croix, qui ont pignon sur rue à Ville Saint-Laurent, il obtient que deux enseignants lui soient dépêchés dès le mois d'avril 1873. Faute de bâtiment à eux, les deux recrues s'installent provisoirement dans la vieille école de bois du père Green. De son côté,

Antoine Labelle s'active en grand. Il a déjà tordu les bras de ses paroissiens pour en obtenir une souscription de mille quatre cents dollars et a convaincu sa fabrique d'y ajouter une contribution de mille deux cents dollars. Armé de ces subsides, il lance la construction de la nouvelle école, l'école de l'avenir. Le «collège commercial» naît à temps pour la rentrée de 1874 et, dès sa première année, accueille deux cents élèves. Pendant dix-sept ans, jusqu'à la mort du curé, ces clercs se chargeront de la formation pratique de milliers de garçons voués autrement au désert du chômage ou à l'exil. Mais avant même l'amorce de cette aventure, Antoine Labelle a saisi, d'un seul coup d'œil, le caractère privilégié de sa nouvelle situation. Soudain, ses lectures de dilettante s'avèrent précieuses. Tout ce que, pour se divertir, il lisait sur l'agriculture, la géologie, le progrès des sciences cristallise en un instant et jette sur sa mission un jour complètement neuf. Jamais comme maintenant n'a-t-il su si bien ce qu'il devait faire, et comment le faire. Ici, il pourra combattre efficacement l'émigration des siens. Ici, il pourra créer les conditions susceptibles de les garder au pays afin de conserver et même d'accroître les forces de la Nation. Ici, il pourra dire « non » aux assimilateurs anglo-saxons et leur opposer le projet national d'un peuple revigoré, capable de prendre sa destinée en main. Pour cela, deux ou trois tâches se profilent, capitales, inévitables : s'emparer du sol avant que les impérialistes le fassent et pousser l'industrialisation pour attirer dans les usines d'ici, plutôt que dans les usines américaines, ceux que la terre ne contente plus. L'industrialisation une fois bien amorcée, il suffira de pousser et pousser encore à la roue, insister même, quand la volonté ou l'imagination commenceront à faiblir chez les capitalistes de chez nous. Cette tâche ne semble pas hors de portée.

En revanche, s'emparer de la terre pourrait être bien plus problématique. Les Laurentides font peur... Le peuple voit dans ces montagnes faisant barrage à tout et à tous une limite infranchissable, la barrière intangible fermant le monde habitable. C'est bien ainsi que son propre père les a présentées à Antoine enfant. Sans aller jusqu'à les peupler de monstres formidables, l'imaginaire social et le folklore leur ont fabriqué une réputation plus que rébarbative. Braver ces certitudes populaires pour inciter des colons à venir s'y installer ; quelle hardie gageure ! Leur raconter même qu'ils y seront infiniment mieux établis que dans le fabuleux Illinois ; voilà qui relève de l'inconscience ! Et pourtant, Antoine Labelle sait que c'est possible, car la réputation des Laurentides est sans fondement, complètement fausse. Il veut s'en assurer en allant y voir de plus près peu de temps après son arrivée, même si la lecture de rapports d'arpentage l'en avait déjà informé. D'abord, à proprement parler, les Laurentides ne sont même plus de vraies montagnes. Elles ont beau se dresser en hauteur et faire déferler dans les lointains le moutonnement de leurs croupes sans cesse multipliées, l'œil averti ne s'y laisse pas tromper. C'est justement un tel œil qu'Antoine Labelle promène sur l'horizon. Une fois les présentations faites à Saint-Jérôme, les mains serrées, le tour des notables effectué, Antoine Labelle n'a plus qu'une hâte : se rendre compte par lui-même.

Engoncé dans une vieille soutane, vêtu comme en hiver de ses habits sacerdotaux en grosse laine noire, il a escaladé un sommet des environs du village. Il lui a fallu se tailler en pleine canicule un chemin dans les broussailles, contourner les botryches et les fougères, il a glissé sur les cailloux mal assurés, il a considéré avec respect les guêpes et les frelons malencontreusement dérangés, il a rassemblé ses dernières énergies pour l'assaut final... L'obèse Antoine Labelle a fait tout cela pour prendre la mesure de son territoire et jauger les efforts à venir. Et que voit-il maintenant, là-haut? Tous les sommets ont la même hauteur, à peu de chose près. Ce qu'il observe, ce ne sont pas des montagnes, ce sont les restes d'un ancien plateau. Les montagnes vraies naissent d'affrontements sauvages survenus dans le désordre de mouvements souterrains, de plissements qui se déversent ou se chevauchent. Tout y semble jeté en vrac, pêle-mêle, dans un chaos sans nom. Rien de cela ici, ou, si cela s'est produit aussi, c'est tellement ancien que ça ne compte plus guère. En vérité, tout dans les Laurentides semble ordonné, comme tiré au cordeau. Ici, ce ne sont pas les sommets qui se sont élevés, ce sont les vallées qui se sont encaissées. Lorsque les glaces sont venues, il y a quelques milliers d'années[1], elles ont, par leur poids phénoménal, exercé sur le sol des contraintes s'avérant souvent insupportables. Certains endroits moins résistants ou plus malléables ont cédé et se sont enfoncés profondément. Le plateau, d'uni qu'il était, se retrouvait creusé, troué, défoncé. Toute cette sarabande millénaire apparaissait

---

1. La dernière glaciation a débuté il y a environ vingt-cinq mille ans et s'est terminée pour nos régions il y a dix mille ans. À son point culminant, elle a entassé une épaisseur de quatre kilomètres de glace sur le territoire québécois.

très nettement à Antoine Labelle. Mais comment allait-il expliquer tout cela à ses ouailles et à ses futurs colons avec un minimum d'espoir de se faire comprendre ?

L'image du chemin lui vient alors à l'esprit. Un chemin nouvellement tracé se présente lui aussi bien uni et bien net, mais il ne tarde pas, lui non plus, à se creuser de nids de poule et autres ornières au fur et à mesure que les charrettes sous leurs lourds chargements défoncent les endroits plus fragiles. Armé de cette comparaison élémentaire, il se fait fort d'expliquer la naissance des Laurentides au premier venu, le reste de la topographie se concevant bien par la suite.

Il lui suffirait de rappeler que la fonte des glaces avait libéré des quantités colossales d'eau cherchant la moindre pente pour s'écouler. Profitant des creux laissés par le travail des glaciers, cette eau s'était engouffrée où elle avait pu, remplissant des lacs innombrables, retrouvant ses vallées si modifiées, et laissant un peu partout un sol fertile tout à fait propre à l'agriculture [1]. Bien plus, dans leur hâte cascadante pour rejoindre l'Outaouais et ensuite le Saint-Laurent, les cours d'eau se moquent des barres rocheuses qui

---

1. Cette affirmation était entièrement vraie du temps du curé Labelle : la forêt se présentait dans toute sa luxuriance et le sol montrait une belle épaisseur de matière organique. Les perspectives agricoles semblaient en effet parfaitement radieuses. Hélas ! Ce que l'on ne connaissait pas à l'époque, c'était l'extrême fragilité de tout cela. Forêt et sol s'entretenaient dans un équilibre instable. En rasant la forêt pour «faire de la terre», l'agriculteur sabrait dans cette mutualité, surtout s'il procédait par brûlis. Bien vite, en deux décennies tout au plus, il épuisait la couche de sol arable et arrivait au sable sous-jacent. Du sol organique, il passait au sol minéral. La fin de l'aventure n'était plus loin.

prétendent leur interdire le passage et se précipitent en chutes et rapides énergiques parfaitement capables d'actionner tous les moulins imaginables. Il s'en frotte les mains de plaisir : les siens n'auront plus à s'exiler aux États-Unis pour éviter l'asphyxie sur leurs terres trop petites. Ils pourront venir s'installer ici — chez eux — dans les Pays-d'en-Haut et prendre possession de ce qui leur revient, c'est-à-dire leur territoire national. Aucun édit des puissances d'occupation, aucun à-plat-ventrisme des politicailleurs locaux n'y pourra rien. Le peuple va réoccuper sa maison. Antoine Labelle, foi de curé, s'y engage et y veillera.

Mais il voit déjà plus loin encore. Il est convaincu, en effet, que les Laurentides pourront faire vivre de forts contingents d'agriculteurs. Néanmoins, il ne se cache pas que la véritable vocation de cette région, c'est le tourisme. Du haut de son observatoire, Antoine Labelle est franchement envoûté par la beauté des lieux. Après avoir évoqué en esprit les mouvements telluriques et l'action si puissante des agents géologiques, il ne peut que se féliciter de l'harmonie des résultats. Bravo pour les forces aveugles de la physique si elles donnent naissance à des panoramas aussi délicieux, ponctués de lacs invitants, de rivières bondissantes et de ruisseaux discrets. Déjà, en pensée, il voit des contingents entiers de curieux se précipiter dans son Nord, rechercher l'air pur et le désœuvrement salutaire dans la féerie des paysages. D'ailleurs, à Montréal, le mouvement est déjà amorcé et le loisir n'est plus regardé comme une tare. C'est plutôt un droit à conquérir. Il se trouve même des citoyens pour réclamer l'aménagement de parcs publics où il ferait bon déambuler sans autre but que celui de se délasser. Le clergé avait d'ailleurs précédé le mouvement des aspirations culturelles et avait déjà organisé un réseau serré de bibliothèques ouvertes à tous, dans la métropole notamment. Il faut pousser ce mouvement encore plus loin. Antoine Labelle y songe et, à la population installée à demeure dans Saint-Jérôme et les environs, il voit déjà s'ajouter des groupes de migrants saisonniers, bien dotés et désireux de s'amuser sans compter. Des occasions d'affaires en naîtront et la prospérité suivra. Bientôt, pense-t-il, les Laurentides feront le bonheur de tous les urbains se découvrant un penchant pour la nature. « Les Laurentides seront la Suisse du Canada. »

4

La locomotive Antoine Labelle
(1868-1876)

L es Laurentides promettent beaucoup et Antoine Labelle en est parfaitement conscient. Elles recèlent des richesses qui n'attendent que les capitaux et les entrepreneurs. Il faudra y voir le plus tôt possible. Mais l'urgence de l'heure, c'est clairement la conquête du sol. Le temps presse, car les anglo-protestants sont déjà à l'œuvre. Ils ont l'outrecuidance de vouloir s'établir d'abord sur la rive nord de l'Outaouais et, de là, gagner rapidement l'intérieur des terres en remontant les affluents de la grande rivière. Il faut impérativement enrayer ce mouvement inacceptable. On ne peut laisser le territoire national des

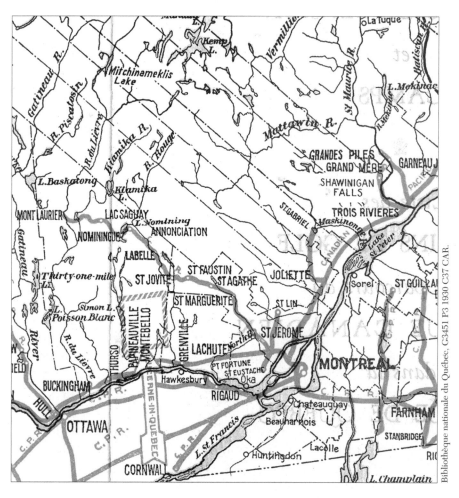

Détail d'une carte du Canadien Pacifique (1930) qui représente la région de colonisation des Laurentides, située au nord-ouest de Montréal.

Canadiens français se faire voler une seconde fois et le peuple se faire spolier encore. D'ailleurs, le remède est tout trouvé. Détourner vers ces territoires neufs, riches et contestés, le trop-plein des territoires seigneuriaux. Au lieu d'aller aux États-Unis s'engager dans la voie de la prolétarisation sans retour, il vaudrait mieux pour ces citoyens s'installer sur ces terres prometteuses. La défection serait enrayée et, du même coup, l'envahisseur serait repoussé. Il s'agit là d'un remède éprouvé et fort efficace.

Déjà, dans la première moitié du siècle, Mgr Bourget s'était lui aussi ému de l'exode des siens et avait créé une société de colonisation pour détourner le flux migratoire vers les Cantons de l'est, que l'occupant s'était réservés exclusivement. Quel enchantement cela avait été de voir les anglophones fuir devant l'approche des colons français! Incapables de supporter quelque autre ethnie et culture que les leurs, ils avaient déguerpi en masse pour gagner des lieux «sûrs» comme l'Ontario orangiste ou les États-Unis. Cet affolement devant la marche pacifique des Canadiens français avait réjoui Mgr Bourget et ses associés, qui éclataient de rire à sa seule évocation. Antoine Labelle décide donc que le même procédé, appliqué chez lui, produira les mêmes fruits. Il en sourit d'avance. Dès 1869, il se fait élire à la présidence de la Société de colonisation dont il a suscité l'apparition et se charge d'explorer systématiquement son domaine. Certaines constatations lui sautent alors aux yeux. D'abord, la colonisation déjà tentée par ses précurseurs commence à stagner. Quelques héros avaient déjà pris sur eux d'ouvrir des terres dans les Pays-d'en-Haut. Augustin-Norbert

Morin, par exemple, le Patriote et lieutenant de Papineau, rédacteur des célébrissimes quatre-vingt-douze résolutions. À peine sorti de la prison où l'avaient jeté les forces d'occupation décidées à casser tout redressement démocratique, Morin s'était dépensé sans compter, à partir de 1842, pour la colonisation des territoires au nord de Saint-Sauveur jusqu'à Sainte-Adèle. D'autres aussi avaient usé leurs énergies pour l'œuvre commune. Il suffit de mentionner Louis Cossette, lancé en Mauricie dès 1803, Charles Héon dans les Bois-Francs, en 1825, Alexis Tremblay au Saguenay vers 1837...

Néanmoins, dans le dernier tiers du XIXe siècle, ces efforts méritoires se sont quelque peu étiolés et, dans les Laurentides en tout cas, la population régresse. Il faudra de nouvelles épaules, plus carrées, pour pousser à la roue. Surtout que les compagnies forestières forment contre la colonisation un obstacle de plus en plus formidable. Elles mènent une lutte sans merci et sans répit contre les colons, qu'elles accusent de tous les maux. En vérité, les compagnies se livrent à un redoutable pillage dans la vallée outaouaise et elles cherchent à éloigner tous les éventuels témoins. La Grande-Bretagne et les États-Unis, la Confédération canadienne aussi, ont en effet entrepris de s'équiper en chemins de fer. Les voisins du sud surtout construisent une voie transcontinentale, sur laquelle ils raccordent quantité de voies à vocation régionale et locale. Leurs besoins en traverses de bois défient l'imagination. Or, ils ont dévasté leurs propres forêts, celles de l'Ohio notamment, qu'ils ont rasées au complet, conférant ainsi à cet État un paysage apocalyptique fait de stérilité et de désespérance. Partout, on ne répertorie que cours d'eau jadis tumultueux et désormais taris. Pire encore, les arbres n'étant plus là pour retenir les eaux de pluie, l'État passe d'une inondation catastrophique à la suivante, sans répit. Hélas, cette dure leçon n'éclaire pas les compagnies forestières. Il faut dire que le marché qui s'ouvre aux États-Unis s'avère prodigieusement désirable. Des centaines et des centaines de milliers de kilomètres doivent être pourvus de voies ferrées et de tous les équipements connexes. Alors les marchands se mettent à leur planche de calcul. À raison de mille huit cents traverses au kilomètre, les quantités de bois requises font déjà rêver. Mais en plus, il faut prévoir les poteaux de télégraphe — vingt au kilomètre. Cela représente une autre belle demande, sans oublier le bois nécessaire pour les ponts, les gares, les commerces et autres bâtiments riverains de la voie. Les forestiers n'arrêtent pas de saliver. D'autant plus que le bois n'est pas éternel. Les traverses, par exemple, ne durent guère plus de sept ans. Il faudra les remplacer régulièrement...

Les compagnies ont donc repris, en Outaouais, leurs condamnables habitudes. Il faut dire que la forêt y est fort invitante. Vierge, jamais exploitée, elle regorge d'arbres gigantesques, droits, sans maladie ni tare. Une telle profusion a toujours le tort de n'inspirer qu'un respect de surface. Se présentant comme inépuisable, cette forêt n'invite guère à l'exploitation durable, mais plutôt à un gaspillage éhonté. Puisque les grands arbres parfaits poussent dru, écorce contre écorce pour ainsi dire, pourquoi se priver ? Seuls les arbres sans faille sont retenus, les autres géants sont abattus simplement pour libérer le passage et, laissés sur place, ils pourrissent lentement, victimes inutiles de la cupidité capitaliste. Pas étonnant, dans ces conditions, que les compagnies cherchent à éloigner les yeux peu complaisants. Tout est donc bon pour interdire le chemin aux colons : campagnes de presse et, surtout, pots-de-vin aux hommes politiques, pour bloquer l'émission des permis d'installation, retarder l'arpentage, sceller les voies de pénétration.

Malgré tout, ces compagnies présentent quelques faiblesses, qu'il sera toujours loisible d'exploiter le temps venu. D'abord, pour arriver au front de coupe et y mener leurs milliers de bûcherons et autres hommes de tâche, elles doivent bien tracer des chemins d'accès. Ceux-ci seront précieux pour les colons désireux de se rendre dans les Pays-d'en-Haut. Ce sera toujours plus simple, malgré les ornières, les trous et les fondrières, que de remonter à la *cordelle*[1] les cours d'eau serpentant dans la région, et encore bien plus facile que les redoutables portages rendus inévitables par les chutes d'eau. N'importe quel chemin, quelque défoncé qu'il soit, vaudra toujours mieux que le canot et ses manœuvres pénibles autant que périlleuses. Autre point faible : les compagnies ont des fermes. Désireuses de pousser leurs profits au maximum, et donc de réduire

---

1. Dans les rapides, il faut descendre du canot et le tirer avec une corde — la cordelle. Cette procédure évite d'avoir à sortir les bagages du canot et de les porter. Elle demeure néanmoins pénible. Quand les rapides sont trop vigoureux ou quand il faut carrément affronter une cataracte, la cordelle n'est plus d'aucune utilité. Il faut alors se résoudre à vider tous les bagages pour les porter à dos d'homme. Il faut aussi porter le canot lui-même. C'est le portage...

le plus possible leurs retombées sur l'économie locale, les compagnies évitent d'acheter dans le sud la nourriture et autres fournitures nécessaires pour leur main-d'œuvre nombreuse. Elles préfèrent autant que possible s'en remettre à l'autosuffisance et installent donc, de loin en loin et en pleine forêt, de vastes fermes pour y entretenir cheptels et potagers de circonstance. Sur la Rouge, par exemple, il y a déjà trois de ces fermes solidement implantées et baptisées fort poétiquement Fermes « d'en-bas », « du milieu » et « d'en-haut[1] ». Pour sa part, la Lièvre en accueille cinq, dont la plus récente et plus nordique Ferme Neuve[2]. « Ces fermes seraient des lieux d'implantation tout désignés, songe Antoine Labelle. Plantez-y une croix, choisissez l'emplacement de l'église, faites un peu de réclame et vous verrez les colons affluer.»

Antoine Labelle remue ces idées, le soir, au presbytère de Saint-Jérôme, ou au bivouac quand il parcourt son domaine. Une chose est sûre, en tout cas, il ne veut pas de colons venant simplement accaparer des terres pour se contenter d'une petite agriculture de subsistance, une agriculture de misère. Bien sûr, il veut dans un premier temps attirer en Outaouais tous les pauvres malheureux chassés des terres du sud trop petites, surtout ceux qui seraient tentés par l'aventure américaine. Antoine Labelle voit l'urgence d'éviter l'affaiblissement démographique de son peuple. Mais, à son avis, il faut agir de manière à faire grandir la

1. Destinées à devenir respectivement la Chute-aux-Iroquois (la municipalité de Labelle de nos jours), l'Annonciation et l'Ascension.
2. Le village, situé à une vingtaine de kilomètres au nord de Mont-Laurier, porte encore ce nom.

prospérité de tous. Pas question donc de se contenter d'une entreprise qui se limiterait à déplacer des pauvres avant de les abandonner à leur sort. Il faut au contraire les établir solidement et seule une véritable agriculture commerciale y parviendra. Les besoins de l'empire britannique et des Américains sont vastes et les Laurentides offrent des avantages incomparables pour abriter des entreprises agricoles à visées pour le moins continentales. Pourvu... Pourvu qu'elles disposent des moyens nécessaires pour écouler leurs produits. Ce n'est pas avec les petits chemins — à peine plus importants que des sentiers — qui strient la région que l'on pourra brasser de telles affaires. Non. Ce qu'il faut, c'est le train.

Les États-Unis construisent des voies ferrées partout et on voit le succès qu'ils obtiennent dans le domaine de la colonisation. Leur population connaît un accroissement phénoménal. Pour Antoine Labelle, tout est clair : « Les Américains colonisent en train, les Québécois ne doivent pas coloniser en charrette. » Et pourtant, c'est bien ce qu'ils font, car le développement des voies ferrées au Québec demeure plus qu'anémique. À vrai dire, une seule voie de quelque importance existe, celle du Grand Tronc qui, sur la rive sud du Saint-Laurent, relie Rivière-du-Loup et Sarnia, à l'extrémité du lac Huron, juste à la frontière ouest de l'Ontario. Au Québec, seulement trois voies secondaires s'y branchent, celle du Saint-Laurent et Atlantique, menant à Portland dans le Maine, celle de Champlain et Saint-Laurent, et enfin celle de Montréal-New York qui emprunte le tout nouveau pont Victoria, construit spécialement pour la circonstance. Une autre voie est en construction. C'est l'Intercolonial qui, de Rivière-du-Loup, reliera le Grand Tronc aux colonies maritimes du Nouveau-Brunswick et de la Nouvelle-Écosse. À cela s'ajoute un confetti de voies d'intérêt purement local et reliant entre elles certaines petites agglomérations voisines. Et puis, il y a les chemins à lisses de bois...

Antoine Labelle, tout juste arrivé à Saint-Jérôme, s'enflamme pour cette nouveauté importée de Norvège et dont on commence à parler. Dès son premier coup d'œil sur sa paroisse, il a compris que si Saint-Jérôme doit se développer, autant pour elle-même que pour le bénéfice de ses paroisses filles, elle doit impérativement être reliée à Montréal, afin d'y expédier ses marchandises dans des conditions acceptables. Or, la construction d'une voie ferrée représente des investissements prohibitifs. Le Grand Tronc à lui tout seul a coûté 102 millions de dollars, compte tenu de la voie elle-même et du matériel roulant. Dégager des sommes comparables pour construire entre Saint-Jérôme et Montréal relèverait de l'imagination la plus débridée et ne saurait être envisagé sérieusement. En revanche, les chemins à lisses de bois, qui remplacent les rails de fer par des rails en bois franc, coûtent jusqu'à six fois moins cher à construire. En effet, l'adhérence des roues aux rails de bois étant meilleure, la voie peut accepter des pentes qui seraient dissuasives pour le train traditionnel. En outre, l'écartement de la voie étant plus étroit, il autorise des virages plus serrés. Ces particularités réunies permettent d'éviter beaucoup plus d'obstacles, ce qui, en retour, limite les exigences en aménagement et réduit de façon fort appréciable les besoins en terrassement. Bref, la voie peut être beaucoup plus sinueuse et pentue, mais elle s'avère beaucoup plus économique. Bien sûr, on ne peut demander aux rails en bois la durée de vie des rails en fer, mais comme investissement de départ, les lisses de bois semblent raisonnables, quitte à passer au fer lorsque l'achalandage le justifie.

Pour Antoine Labelle, c'est un train à lisses de bois qu'il faut à Saint-Jérôme, et tout de suite. À cet effet, il contacte son ami Édouard Masson, un politicien battu aux dernières élections puis reconverti dans la colonisation à Sainte-Marguerite[1], et le charge de toutes les démarches à entreprendre et de toutes les pressions à exercer à Montréal. Il lui adjoint le député conservateur bien en selle à Hochelaga — Louis Beaubien — et quelques capitalistes anglophones alléchés par d'éventuels profits. Simple à énoncer, leur mission se hérisse néanmoins de difficultés sans nom : il s'agit d'obtenir de la Ville de Montréal une subvention d'un million de dollars. Antoine Labelle sait déjà qu'il lui faudra s'armer de patience et surtout répéter, répéter encore et toujours la requête jusqu'à ce que les sollicités demandent grâce en capitulant. De son côté, il se charge de Saint-Jérôme. Tous les dimanches, en chaire, il n'entretient plus son troupeau de fidèles de l'histoire sainte et ne lui dresse plus le tableau idyllique de la Judée et de la Palestine. Non, il fait plutôt résonner la nef de vibrantes déclamations sur la nécessité des communications ainsi que sur l'avenir commercial

1. Du lac Masson, cela va sans dire…

de la communauté jérômienne. Le Jourdain est remplacé par la rivière Rouge ou celle du Lièvre tandis que la Bible cède le pas aux moyens de transport. La quête pour les œuvres charitables est remplacée par une bonne vieille campagne de souscription. Il arrive même au bon curé, en plein confessionnal, de laisser divaguer son esprit et d'imposer comme pénitence à des paroissiens éberlués non pas un chemin de croix, mais un chemin à lisses de bois...

Les autres jours de la semaine, Antoine Labelle exploite dans le même sens la tribune municipale [1] placée à proximité de l'église. À la moindre occasion, surtout si un début d'attroupement s'est déjà formé, il monte à la balustrade et, jouant à la fois de sa carrure et de sa grosse voix, il abreuve les citoyens de sa rhétorique. Nul n'est oublié et tous se font tendre la sébile. On a beau lui faire valoir que « les voies du Seigneur ne sont pas des voies ferrées », il persévère. Grâce à cette insistance de tous les instants, le curé arrache à ses administrés des contributions de l'ordre de vingt-cinq mille dollars. Son message a été entendu, compris et mis en œuvre. Il a aussi déclenché un signal d'alarme. Le Grand Tronc se montre rudement jaloux de son monopole et combat avec la dernière énergie tout projet de rail qui viendrait le concurrencer, surtout sur la rive nord du fleuve. Une bataille de titans s'annonce.

D'anticipation, Antoine Labelle en a des frissons de plaisir dans le dos. Autant il ressent la nécessité absolue des trains pour réussir le décollage économique

---

1. Le *husting*, dans le jargon anglicisé de l'époque.

du Québec et, notamment, celui de «sa» région, autant il connaît la piètre réputation des capitalistes à la tête des compagnies existantes. Il «sait» que tout se joue en termes de corruption et de pots-de-vin versés aux politiciens. S'attaquer à cette engeance fera d'une pierre deux coups: relier Saint-Jérôme à la métropole et assainir quelque peu un milieu financier par trop pollué. Et puis, une bonne bagarre, Antoine Labelle n'a jamais craché là-dessus… Si c'est un siège en règle qu'il faut, eh bien soit! Mgr Bourget, qui l'appuie dans ses démarches, lui a adjoint un vicaire (bientôt il en aura deux[1] à cause de la prolifération de ses activités extraparoissiales). Antoine Labelle en profite à fond et confie à son adjoint l'entière responsabilité de la gestion au quotidien. Pour sa part, il se libère à plein temps pour se consacrer totalement à ses activités de démarchage. À Québec et à Ottawa, les couloirs des assemblées législatives réverbèrent en permanence la parole sonore du curé. Il n'est pas un député — peu importe la couleur, Antoine Labelle fait mine de n'être pas partisan[2] — qui ne se fasse tirer par la manche et ne se fasse administrer sa ration de harangue quotidienne. Deux ans de ces sollicitations aussi réitérées que vaines, et il en a assez.

Tout curé qu'il est, il décide de frapper un grand coup. Le 31 janvier 1871, il convie à Saint-Jérôme le ban et l'arrière-ban des décideurs de Montréal. Le

1. En tout, de 1868 à 1891, Antoine Labelle «passera» six vicaires.
2. En fait, à Saint-Jérôme, il milite activement et efficacement — mais en catimini — pour le député conservateur local, Joseph-Adolphe Chapleau; ce qui met en branle un service permanent de renvoi d'ascenseur…

maire Charles-Joseph Coursol, bien sûr, ainsi que l'ensemble des conseillers municipaux. Il convie également toute une brochette de citoyens en mesure d'exercer des pressions aussi judicieuses qu'efficaces. Madame mère — Madame Curé, comme on se plaît à la désigner dans la paroisse — se charge de l'intendance et concocte un menu capable d'attendrir le financier le plus pingre. Truite et gibier s'allient à des desserts parmi les plus convaincants et à des vins aux robes les plus chatoyantes pour réussir un banquet mémorable. Pendant toute la journée, les discours se chargent d'ailleurs de souligner avec insistance la nécessité de la liaison par rail et tous les convives en conviennent bruyamment avant de reprendre en chancelant le chemin du retour. Antoine Labelle est très content de sa manœuvre, mais en même temps il se méfie de ces engagements qui ne témoignent que d'une sincérité temporaire. En conséquence, il ne relâche en rien ses efforts de propagande. Or, l'hiver suivant est formidablement rigoureux. Le bois de chauffage est devenu rare à Montréal et n'arrive plus par le fleuve, désormais gelé. Les spéculateurs s'en donnent à cœur joie pour faire grimper les prix. Les bourgeois à l'aise en sont quittes pour grommeler un peu contre ces hausses impromptues, mais les indigents, eux, sont carrément aux abois. Des familles entières sont touchées dans leur chair par l'insensibilité du marché et on meurt dans les taudis. Des appels à l'aide sont lancés à la ronde[1]. Ils parviennent au curé Labelle, qui n'a pas un instant

---

1. Et notamment, la Ville de Montréal adresse une supplique à la municipalité de Saint-Jérôme, laquelle se tourne vers son charismatique curé.

d'hésitation. Il lui semble absolument clair qu'il faut, de toute urgence, se porter au secours de ces malheureux, mais en même temps, il lui semble tout aussi clair que ce coup de main qu'il s'apprête à donner doit aussi servir la cause du chemin à lisses de bois.

Le geste doit souligner encore une fois aux Montréalais à quel point ils se révèlent dépendants de leur entourage. Des rails entre la ville et Saint-Jérôme leur faciliteraient notamment l'approvisionnement en bois de chauffage et couperait l'herbe sous le pied des exploiteurs sans âme. En conséquence, il organise à toute vitesse une corvée chez tous les habitants de la région et leur demande la charité de quelques bûches pour venir en aide aux démunis. Quatre-vingts voitures répondent «présent». Ces gens de la campagne sont loin de l'aisance, mais, en toute vérité, ils ne manquent de rien. Ils ont le gîte, un bon poêle à bois pour affronter les rigueurs hivernales et la nourriture ne leur fait pas défaut. La nature est bonne pour eux. Comment pourraient-ils endurer que les pauvres de la ville souffrent et ne pas intervenir? Comment pourraient-ils, en plus, dire non au bon curé qui les accueille si chaleureusement quand ils viennent le consulter à son presbytère? Ils arrivent donc, qui de Sainte-Marguerite, qui de Sainte-Agathe, qui d'ailleurs encore, pour grossir la procession enjouée. Dans un concert de chants de Noël et de hennissements, curé en tête, le lourd convoi s'ébranle le 18 janvier 1872 et franchit allégrement les dizaines et les dizaines de kilomètres menant à la métropole. Bien sûr, et cela va de soi, toutes les précautions ont été prises pour assurer la plus grande publicité possible à cette manifestation de solidarité humaine. Les journalistes ont été dûment prévenus et les traîneaux sillonnent la ville en un parcours compliqué de manière à être vus par le plus grand nombre. Les conducteurs aux moustaches figées dans la glace et leurs chevaux aux naseaux blanchis font sensation. Une soirée brillante a même été organisée en l'honneur des généreux donateurs. Les discours s'y enchaînent les uns à la suite des autres, discours de reconnaissance et discours sur les nécessités économiques de l'heure : le rail par exemple...

Le curé Labelle se réserve de faire la synthèse de tous ces énoncés. Avec sa bonhomie et sa faconde habituelles, il enfonce le clou. Pour lui, il devient indécent de laisser du bois pourrir debout, au nord de Montréal, faute de moyens de transport adéquats, tandis qu'au même moment des citoyens meurent de froid. Et que l'on ne vienne pas lui dire qu'il ne faut rien donner au Nord de crainte de voir le Sud réclamer le même traitement. À son avis, le Sud a déjà largement bénéficié de subventions, beaucoup plus que le Nord. Il n'a pas à se plaindre, au contraire. Maintenant, c'est le tour du Nord, d'autant plus que son développement, ne l'oublions pas, profite aussi au Sud, car toutes les exportations transitent nécessairement par lui. Développer le Nord c'est donc, aussi, développer le Sud. Or, l'inverse n'est pas vrai et le développement du Sud demeure stérile pour le Nord. Où est la justice ? De quel côté la raison penche-t-elle ? Pour Antoine Labelle, toute discussion de ces vérités ne peut être que superflue, voire entachée de mauvaise foi. Il faut le chemin du Nord, un point, c'est tout. Il n'éprouve évidemment aucun mal à convaincre son monde.

Hélas! Le gouvernement change. Les conservateurs de Gédéon Ouimet ont subi un solide revers
après avoir été pris la main dans le sac d'une douteuse
affaire de spéculation foncière à Saint-Henri-des-
Tanneries. C'est néanmoins Charles-Eugène Boucher
de Boucherville, conservateur lui aussi, qui, en 1874,
prend la relève; c'est donc celui-ci qu'il faudra soigner
dorénavant. Ce sera plus difficile que prévu puisque
même la dépression économique s'en mêle. En 1873,
les financiers de Vienne subissent l'effet en retour de
leurs tractations bourbeuses: tout le système bancaire
de l'empire austro-hongrois s'effondre bruyamment.
L'Allemagne de Bismarck est immédiatement atteinte,
puis le reste de l'Europe. Partout en Occident, les
possédants licencient à pleines portes et sabrent allégrement dans les salaires des réchappés. Partout, les
États dressent des barrières protectionnistes pour
éviter la contagion. Au Québec, la crise entraîne le
naufrage de trois banques. En deux ans, mille entreprises et commerces sombrent corps et biens, tandis
que soixante-dix mille agriculteurs sont chassés de
leurs terres, venant grossir le flux des émigrants vers
les États-Unis ou encore les rangs des chômeurs sans
qualification grouillant dans les bas-fonds de Montréal.
Réclamer des subventions de développement dans une
époque aussi morose relève de la gageure insensée.
C'est donc sans surprise que le curé voit les portes et
les goussets se fermer devant lui.

Réfugié dans son presbytère et broyant du noir,
Antoine Labelle attend l'éclaircie. Elle sera offerte par
Boucher de Boucherville lui-même. La crise — et
surtout le Grand Tronc — a bloqué à Londres les

emprunts nécessaires pour construire la voie ferrée de la rive nord. Le Canadien Pacifique — et son propriétaire Hugh Allan — était promoteur de cette section conçue comme le segment québécois du chemin de fer pan-canadien. Selon les plans d'origine, la rive nord du Saint-Laurent devait accueillir une voie ferrée reliant Québec à Montréal en passant par Trois-Rivières. De Montréal, cette voie passerait par Saint-Jérôme puis par Ottawa pour aller se greffer sur le Canadien Pacifique vers l'ouest. Le secteur privé s'avérant inapte à construire le chemin de fer du nord, le gouvernement québécois décide de s'en charger, surtout qu'avec les vingt-cinq mille dollars amassés à Saint-Jérôme et le million de dollars souscrit par la ville de Montréal, le fardeau financier en est d'autant allégé. Néanmoins, il faut maintenir la pression et l'hiver redevient alors un allié.

Le 27 janvier 1876, à la suggestion de Mgr Bourget, Antoine Labelle réédite le «coup» de 1872. Engoncé dans un lourd «capot de chat», coiffé d'un bonnet de même poil, il dirige, cette fois-ci, un convoi de cent traîneaux chargés à bloc de bûches d'érable et de merisier. Comme la première fois, tout a été prévu pour souligner bruyamment l'interdépendance de la grande ville et de sa périphérie du nord; une fanfare a même été recrutée pour s'assurer que nul n'ignore le beau geste. Cette fois-ci, le message est entendu haut et fort. Dès le printemps suivant, les ouvriers sont à pied d'œuvre; il apparaît dès lors que les choses seront menées rondement. Grâce à la technologie des lisses de bois, le terrassement à prévoir, quasi négligeable, n'imposera aucun retard, pas plus que les deux petits ponts, à peine, qui seront requis. Tout va bien. Malgré tout, Antoine Labelle surgit, chaque jour, sur le chantier, pour entretenir l'enthousiasme et, chargeant sa forte masse sur un wagonnet de desserte, il surveille la pose de la moindre traverse. Portant son haut-de-forme si familier pour amplifier encore l'imposant de sa silhouette, la pipe de plâtre à la main, il s'incruste et devient le personnage le plus familier, le plus caractéristique de la voie. Heureusement, son omniprésence ne nuit pas trop au déroulement des travaux et, dès l'automne, la fin est en vue.

Déjà, il est décidé que le dernier clou sera formellement enfoncé le 9 octobre 1876. Une cérémonie longuement mitonnée et singulièrement solennelle doit marquer l'occasion. Deux cents personnes triées sur le volet sont conviées au voyage inaugural sur cette voie de soixante kilomètres qui dorénavant fait partie de la liaison Montréal, Ottawa et Occidental. Force libations et félicitations enjouent tout le parcours en prévision de l'opulent banquet préparé à Saint-Jérôme. Pour Antoine Labelle, il n'y a pas de doute, c'est le plus beau jour de sa vie. Une seule ombre au tableau, dont les organisateurs ne s'avisent que trop tard : la locomotive qui a entraîné toute cette élite dans les Laurentides a malencontreusement été nommée Lotbinière. Seule la deuxième locomotive portera un nom véritablement approprié : elle sera baptisée Révérend A. Labelle.

5

Missions (1868-1876)

Il est plus facile de lire les rapports d'arpentage que de s'engager soi-même dans l'exploration. Antoine Labelle ne cesse de s'en faire l'observation quand il doit descendre de canot et marcher dans l'eau glaciale pour franchir des rapides un peu trop impétueux à son goût. Les pieds hésitant sur les galets couverts d'algues glissantes, gêné par sa soutane détrempée, harcelé par les régiments de moustiques assoiffés et de mouches noires assassines, il se prend à rêver à son calme presbytère où Madame Curé prépare de si bons plats et sait tant gâter son «petit». Et pourtant, il doit impérativement l'explorer, «son» territoire. Comment y attirer des colons, des investisseurs, si lui-même ne connaît

Banquet d'inauguration du chemin de fer Montréal–Saint-Jérôme le 9 octobre 1876. Le curé Labelle est debout, à droite de la colonne.

pas ces lieux ? Qui désignera du doigt les terres les plus fertiles ? les lacs les plus accueillants ? les baies les plus propices ? s'il ne s'en charge pas lui-même ? Et comment connaîtrait-il cela en ne se rendant pas sur place ? en personne ?

De 1869 à 1875, c'est la mission principale qu'il se donne : explorer et explorer encore. À raison de deux ou trois expéditions par été. L'hiver... il ne faut pas trop y compter car, avec son poids démesuré, les raquettes ne lui sont d'aucun secours. En été donc, par les chemins de forêt, mais aussi par voie d'eau, il explore les bassins hydrographiques des rivières prometteuses. La rivière du Nord, bien entendu, celle qui arrose si généreusement Saint-Jérôme, mais aussi la Diable, la Rouge, la Lièvre, leurs affluents, les lacs innombrables — lac des Sables, lac Nominingue, d'autres encore — reçoivent successivement la visite de l'explorateur en herbe. Officiellement, ce n'est pas encore tout à fait dans le but de préparer la colonisation. Il faut apprendre d'abord, non ? Officiellement, il se rend dans les chantiers forestiers porter aux bûcherons laissés à eux-mêmes les secours de la religion. Il trouve là de pauvres gens forcés, par les besoins de leurs familles, d'accepter les corvées les plus invraisemblables pour des gages de misère. Alors il vient vers eux pour maintenir le contact, pour leur apporter les nouvelles des vieilles paroisses, pour leur insuffler le supplément d'énergie qui leur permettra de tenir. Dès son arrivée aux chantiers, à peine les amabilités terminées, la soutane encore dégoulinante de l'eau des ruisseaux et couverte de la poussière des sentiers, il fait dresser un autel de fortune. Là-dessus, il installe sa batterie sacerdotale — un calice cabossé, un ciboire qui a déjà connu de meilleurs jours, d'autres articles encore nécessaires à la messe de camp — et se met à psalmodier les paroles latines si musicales. Assemblés tout près, les bûcherons, ces rudes gaillards souvent si prompts à l'empoignade, s'attendrissent en retrouvant, dans la clairière bénie, leurs souvenirs anciens. Et puis, l'office terminé, la conversation reprend. Le curé — expéditif en tout — passe rapidement au travers de ces formalités. Ce qui lui importe avant tout, c'est de s'y retrouver dans la forêt sans fin. Seul, sans guide [1], amateur parmi les amateurs, il déride son auditoire avec ses ennuis de patrouilleur laissé à lui-même. Le moindre petit ennui, la crainte provoquée par un bruit insolite, l'«entêtement» du canot refusant de remonter le courant, tout est conté par le menu et déclenche des avalanches de rires sonores. L'amateur a beaucoup de succès. N'empêche que cet amateur parcourt des distances hallucinantes. Malgré une corpulence hors du commun, il enfile kilomètres après kilomètres et bientôt la région lui apparaît dans toute son organisation d'ensemble. Tous ces lacs qui se suivent et communiquent entre eux comme les grains d'un chapelet, tous ces puissants cours d'eau qui alignent cascades et passages ralentis avant de se jeter dans la grande rivière des Outaouais, toute la munificence de ces lieux magiques commence à lui devenir familière et déjà il entame le repérage des endroits les plus tentants : Saint-Faustin, Saint-Jovite, La Nativité ou la

1. Pas tout à fait. Il est à l'occasion accompagné par un guide qui assure aussi l'intendance. Au début, ce sera surtout Narcisse Ménard, dit le Grand Narcisse, une espèce de colosse jovial et patient...

Chute-aux-Iroquois (qui prendra le nom de Labelle à la mort du curé), La Conception, L'Annonciation, L'Ascension, Nominingue, des dizaines et des dizaines d'autres encore de ces emplacements appelés à grandir et à prospérer. Ils débutent par une éclaircie dans le bois, par une croix marquée, plantée dans le sol de l'avenir. Incorrigible prophète, Antoine Labelle ne cesse de se projeter dans le futur. La croix à peine fichée en pleine terre, il admire déjà en pensée l'église rayonnante, les échoppes tout autour, l'étude du notaire, le bureau de consultation du médecin, l'auberge et tous les autres commerces attirés par la paroisse naissante. Pas nostalgique pour deux sous, il voit le progrès se matérialiser devant ses yeux, progrès qui passe nécessairement par le développement économique et la spéculation foncière. C'est tout cela qu'il inscrit dans ses notes, des notes pour s'assurer que l'on saura retrouver les lieux et pour tenir l'évêque informé. Pour en discuter également avec les hommes politiques et les autres décideurs.

Quand Antoine Labelle rentre de ses expéditions, il se précipite dans les capitales. Pour réclamer son train, cela va de soi, mais aussi pour dévoiler, exposer, faire valoir et miroiter les richesses du Nord[1], son potentiel fabuleux. D'ailleurs, le curé Labelle ne connaît-il pas aussi bien — peut-être même mieux encore — les allées du pouvoir que les sentiers laurentiens ? C'est en tout cas l'avis de Mgr Bourget, qui

---

1. Dans la terminologie actuelle, l'Outaouais, au nord de la ville de Gatineau, et les Laurentides, au nord de Montréal, ne sont pas placés dans le Nord. Ils ne sont même pas placés dans le pré-Nord. À l'époque d'Antoine Labelle, toutefois, c'était bien le Nord.

a beaucoup apprécié les coups de main donnés à Saint-Antoine-Abbé et à Saint-Bernard-de-Lacolle. On ne saurait imaginer contraste plus marqué qu'entre ces deux hommes. Mgr Bourget, qui agit publiquement en grand seigneur pour soutenir le prestige de l'Église, est en fait un ascète qui passe souvent des nuits entières absorbé dans la prière. Il ne dort guère plus que deux ou trois heures par nuit et, après avoir expédié les affaires de l'évêché, il se rend en secret au pied de l'autel pour y rester prosterné jusqu'à l'aube. C'est là sans doute qu'il puise la force qui lui permet d'imposer sa volonté le plus souvent possible. Face à lui, le dominant par sa taille et son poids, le curé Labelle tranche nettement. Chez lui, tout est rondeur et bonne humeur. Autant l'un respire le calcul et le sentiment de responsabilité, autant l'autre exhale l'optimisme et la chaleur humaine. Raideur et compassion face au rire gras et aux claques sur les cuisses. Et pourtant, ces deux-là s'entendent à merveille et il arrive qu'une plaisanterie soulignant le ridicule d'un politicien ou le travers d'un homme du sacerdoce arrache un discret sourire au prélat.

Mais il n'est pas question de cela maintenant. L'heure est grave et un dossier, parmi beaucoup d'autres, empoisonne particulièrement les journées de Mgr Bourget. L'évêque décide donc de recourir à nouveau aux services de son bélier indomptable. Cette fois-ci, l'enjeu est de taille, car il s'agit de «casser» à la fois les Sulpiciens et George-Étienne Cartier. Proies énormes. Les Sulpiciens sont établis au Québec depuis les débuts de la Nouvelle-France, et ils sont seigneurs de l'île de Montréal dans sa totalité. George-Étienne

Cartier, de son côté, est un pur politicien, véritable politicailleur au faîte de son pouvoir, au sommet de sa puissance. Il est d'ailleurs devenu le bras droit du premier ministre fédéral John A. Macdonald, un ivrogne invétéré qui oscille constamment entre les cuites mémorables et les méchancetés gratuites contre les Canadiens français. Malgré cet allié encombrant, Cartier a toujours prétendu avoir été un authentique Patriote. Il y a, il est vrai, assez peu de témoins à l'avoir vu sur les terrains de bataille. On l'a plutôt vu apparaître après les sauvages répressions de 1837-1838 et après la série d'assassinats judiciaires déguisés en sentences de mort. Il entretient néanmoins la légende. Ce qui n'empêche rien, du reste. En 1868, en reconnaissance pour les services rendus, non pas à son pays, non pas à sa communauté, mais à la couronne britannique, Cartier est créé baronnet et devient Sir George-Étienne. Il est « siré » disent les authentiques Patriotes, peu sensibles à ce genre de hochet.

C'est donc contre ces deux institutions qu'Antoine Labelle est lâché. Vaste programme... La situation est la suivante. Les Sulpiciens — seigneurs de l'île de Montréal — n'y entretiennent qu'une seule paroisse dont ils se prétendent maîtres absolus. Toutefois, ils ne se sont pas avisés — ou pas souciés — que la population dans l'île a crû dans des proportions importantes depuis le régime français. Elle atteint maintenant cent mille âmes. Des paroissiens se sont installés un peu partout, souvent fort loin de l'église Notre-Dame. Mgr Bourget a résolu de corriger cette aberration en créant une série de nouvelles paroisses — dix au total entre septembre 1866 et décembre 1867. Là où le bât blesse, c'est que ces paroisses n'ont qu'un statut canonique. Il faut maintenant leur obtenir un statut civil, faute de quoi elles ne pourront pas tenir valablement les registres des naissances, mariages et décès. Le nœud se trouve là, d'autant plus que les Sulpiciens sont très bien en selle auprès des conservateurs de Cartier à Ottawa, et donc auprès des conservateurs du Québec puisque le Premier ministre Pierre-Joseph-Olivier Chauveau n'est guère plus qu'un simple valet du «Père de la Confédération».

Mgr Bourget et les Sulpiciens se lancent donc dans une furieuse escrime de coups et contrecoups: le dossier en est durablement paralysé. Pour le débloquer, Antoine Labelle est de nouveau mobilisé. Il reçoit la mission d'obtenir l'aval de Cartier pour la reconnaissance civile des dix nouvelles paroisses montréalaises. Et c'est en batailleur froid et sec qu'il la reçoit. Dans une lettre adressée à son supérieur, en mai 1871, il écrit: «Si [Cartier] veut mettre des bâtons dans les roues, c'est son affaire. Mais il sera brisé…» Le même mois, il va rencontrer Cartier à Québec. Les élections fédérales doivent avoir lieu l'année suivante. C'est le bon moment d'exercer des pressions. Toutefois, le rendez-vous se déroule très mal. Cartier, qui a déjà les deux mains dans toutes les assiettes au beurre, se montre insensible aux arguments du curé. Très bien, il sera brisé… L'Épiscopat retire son appui au Parti conservateur. Tout nu devant l'électorat dorénavant, Cartier est défait lamentablement dans Montréal-Est, en août 1872. Sachant qu'il n'a plus guère de chances d'être élu ailleurs au Québec, il décide de se présenter, au Manitoba, dans le comté de Provencher où il obtient même que le candidat local — Louis Riel — se désiste en sa faveur, le même Louis Riel que les fédéraux vont assassiner, treize ans plus tard, le 16 novembre 1885, après un simulacre de procès. Élu sans opposition, le petit baronnet ne prendra même jamais la peine de se rendre dans sa circonscription. Il ne retourne pas plus à Ottawa et préfère se réfugier à Londres, chez ses maîtres, juste à temps pour éviter d'être compromis dans un vaste scandale de corruption. Avant les élections, de concert avec John A. Macdonald, il avait en effet exigé trois cent cinquante mille dollars du Canadien Pacifique en échange du contrat de construction du chemin de fer transcontinental et, manque de chance, cette tractation plutôt indélicate est venue aux oreilles de l'opposition qui trouve là un cheval de bataille en or. Fini politiquement, Cartier s'est rendu à Londres pour échapper à l'agitation judiciaire. Gravement atteint du mal de Bright[1], il y meurt piteusement en 1873.

Ce décès ne fait verser aucune larme dans le camp Bourget-Labelle. D'autant que d'autres dossiers brûlants sollicitent l'attention. Celui de l'Université de Montréal, par exemple. Dans cette affaire, Mgr Bourget s'est fait rouler comme un débutant et il réclame «justice». En 1852, en effet, il a obtenu — presque à lui tout seul — la création d'une véritable université à Québec. Selon l'entente conclue à l'époque, il était prévu que l'institution relèverait nominalement du

---

1. Richard Bright, médecin britannique (Bristol, 1789 — Londres, 1858). Médecin de la reine, il fit de nombreuses recherches dans le domaine de l'anatomie pathologique. La néphrite chronique, qu'il étudia particulièrement, fut longtemps appelée le mal de Bright.

Séminaire de la capitale, mais serait dans les faits placée sous l'autorité conjointe de tous les évêques de la province ecclésiastique. Mgr Bourget découvre rapidement que la situation réelle est tout autre. A-t-il péché par excès de confiance et de naïveté? Il préfère ne pas répondre à sa propre question, mais il doit s'avouer que la direction réelle de l'Université a été accaparée par le Séminaire et l'archevêque de Québec. Le reste de l'épiscopat n'a plus rien à dire. Québec a pourtant jeté un peu de lest et même promis des affiliations universitaires à certaines institutions désignées lorsque les évêques délestés de leur pouvoir ont un peu élevé la voix. Comme d'habitude, ces promesses n'ont jamais été respectées. En 1858, dans le diocèse de Montréal par exemple, aucun collège classique n'est encore affilié. Pire encore, l'école de médecine et de chirurgie a été repoussée à deux reprises. En 1862, la bataille est relancée et la situation presse, car les étudiants catholiques s'inscrivent de plus en plus à l'Université McGill ou vont même jusqu'à se former à l'extérieur. Mgr Bourget tente par tous les moyens de faire naître une université autonome à Montréal. Pendant qu'il inonde lui-même le Saint-Siège de statistiques toutes plus probantes les unes que les autres, il charge Antoine Labelle d'en faire autant auprès des hommes politiques locaux. Hélas! en ces domaines comme en beaucoup d'autres, la force d'inertie est particulièrement puissante et agissante! Le curé a beau courir les cabinets, hanter les secrétariats et harceler les élus, ce dossier n'évolue que trop lentement.

Alors, dans les moments où on lui impose de faire antichambre, il prend sur lui de rédiger des projets de loi entiers pour alléger la tâche des législateurs. Peine perdue... La guerre fait rage entre Québec et Montréal et rien ne réussit. Il faudra au moins vingt-cinq ans — un quart de siècle — pour amorcer un début de règlement. Un compromis est finalement offert, le 1er février 1876, qui promet une succursale à Montréal, mais une succursale entièrement dirigée de Québec et où l'évêque de Montréal n'aurait, pour ainsi dire, aucun rôle réel à tenir, si ce n'est celui d'assurer la totalité du financement. C'est l'échec. Tellement cuisant, cet échec, que Mgr Bourget préfère démissionner de son poste d'évêque plutôt que de se faire imposer cette rebuffade. Il s'agit aussi d'une bataille perdue pour Antoine Labelle, qui s'en trouve en outre privé de son plus solide soutien. L'avenir, tout d'un coup, s'annonce beaucoup plus chaotique.

La compagnie de papier Rolland s'établit à Saint-Jérôme en 1882.

6

Accointances (1868-1890)

Quel personnage étrange que ce Mgr Édouard-Charles Fabre! Antoine Labelle l'avait déjà sur le paletot à l'époque où il était l'homme à tout faire de Mgr Bourget, à l'évêché. Mais dans ce temps béni, il n'était pas à la barre. Ce qui ne l'empêchait nullement d'être teigneux. Il n'y avait pas plus tatillon, en matière de finances paroissiales par exemple. Certes, la tenue des livres n'excitait en rien l'imagination du curé, mais de se faire rappeler à l'ordre par ce pousse-crayon l'avait irrité à plus d'une reprise. Dans un salon, il est bien aisé de trouver que les budgets de Saint-Jérôme sont déséquilibrés. Sur le front, il s'agit de tout autre chose. Antoine Labelle ne sait pas résister aux quémandeurs et la moindre main tendue lui fait ouvrir ses goussets. Comment voulez-vous, dans ces conditions, maintenir une situation rutilante? Le curé Labelle avait quand même réussi à éluder les requêtes de plus en plus pressantes de Mgr Fabre, en faisant appel directement à Mgr Bourget. Mais voilà! Mgr Bourget a démissionné et c'est Mgr Fabre qui occupe désormais le siège de Montréal. Soudain, que de nuages à l'horizon! Il faudra naviguer avec beaucoup plus de circonspection. Et se montrer un peu plus présent dans sa paroisse, peut-être!

Saint-Jérôme se développe joliment; la population croît, les industries s'installent. En 1882, encore, Antoine Labelle réussit un beau coup. Il a appris, l'année précédente, que le grand libraire montréalais Jean-Baptiste Rolland en a assez d'importer son papier d'Europe et qu'il a décidé de le fabriquer lui-même, selon ses propres spécifications. Immédiatement, et parallèlement, le curé a décidé, de son côté, que l'usine s'installera à Saint-Jérôme. Le village, d'ancienne colonie, vient, le 13 janvier 1881, de recevoir le statut de ville. Une usine serait un aimant formidable pour attirer et garder les citoyens peu tentés par l'agriculture et ses misères. Elle servirait ainsi de contrepoids aux sirènes américaines. En conséquence, il lui fallait cette usine; il l'a eue. Après un siège en règle du sieur Rolland, il le convainc de venir à Saint-Jérôme pour y admirer, sonder, évaluer «les pouvoirs d'eau» de la rivière du Nord, et finalement il l'a séduit. D'ailleurs, peut-on vraiment dire non au curé Labelle? Ce dernier avait déjà une belle brochette de ce genre de réussites à son actif et, sous cette houlette, Saint-Jérôme grandit et devient plus sereine.

Les mœurs y demeurent néanmoins très rudes. Antoine Labelle a peu à en remontrer à ses paroissiens à ce chapitre, si ce n'est qu'il ne supporte pas l'ivrognerie et la combat autant que faire se peut. Sans grand succès, il est vrai. Or, voici une nouvelle occasion de s'attaquer à ce problème. Un célèbre prédicateur français a été recruté pour venir sermonner dans les paroisses qui le demandent. Antoine Labelle l'a fait venir et lui a même demandé de confesser tout le village avant de monter dans la chaire le dimanche suivant. Ainsi, il connaîtra mieux son «auditoire» et pourra ajuster ses remontrances. Plein de bonne volonté, le prêtre se met à la tâche et y passe la semaine. Quand à la fin il a terminé, Antoine Labelle n'a qu'une hâte : connaître ses impressions générales et particulières. Elles sont bonnes : le confesseur félicite le curé pour l'excellente tenue de sa paroisse et l'assure que tout ira bien, côté éternité. Voilà le curé Labelle franchement étonné : ses paroissiens auraient-ils menti en confession ? Auraient-ils caché leurs fautes ? Pour en avoir le cœur net, il demande à son collègue si vraiment il n'a rien noté de répréhensible. «Oui, oui, bien sûr. Mais c'étaient des peccadilles. D'ailleurs, cela m'a même beaucoup étonné, ce goût que tous ont pour les brosses. Tout le monde semble prendre des brosses : les jeunes et les vieux, les hommes et les femmes. Mais je le répète, ce n'était rien du tout. Je me suis bien demandé ce qu'ils pouvaient tous faire avec autant de brosses, mais rien apparemment ! Je leur ai, en effet, demandé s'ils avaient restitué ce qu'ils avaient pris et ils m'ont tous affirmé que oui. Certains, le soir même ! Alors vous voyez bien monsieur le curé, vous avez des paroissiens hors pair. » Et voilà le curé Labelle de délibérer avec lui-même : va-t-il, oui ou non, détromper son collègue européen ? Bien sûr que oui. Et voilà le prédicateur remonté. Son prêche du dimanche contre les Jérômiens, ces boit-sans-soif impénitents, a toutes les allures d'une véritable tornade de la dénonciation. La mémoire paroissienne en est atteinte pour long-temps… mais pas les habitudes.

Il faut faire avec et passer à autre chose. En 1876, il y a déjà belle lurette que le presbytère d'Antoine Labelle a acquis la réputation enviable d'étape à ne pas manquer. Qu'il s'agisse d'un prêtre en voyage, d'un candidat colon à la recherche de renseignements avant de se laisser tenter, d'un immigrant ou d'un financier en quête d'occasions d'investissements, tous s'y arrêtent, sûrs qu'ils sont d'y recevoir un accueil digne de men-tion. Madame Curé y veille toujours. Mais surtout, ils pourront, pour quelques instants ou quelques heures, faire le plein du bien-être généré par le curé lui-même. Qui voudrait rater ses harangues sensationnelles ? Qui voudrait manquer l'occasion de se ressourcer auprès de cette dynamo inépuisable, de ce feu d'artifice perpétuel ? Surtout qu'il se trouve au cœur d'un réseau d'information peu commun. Il sait tout, connaît tout les projets en cours, et même ceux qui sont à peine amor-cés. Plus encore, il sait monnayer ses renseignements contre d'autres que lui apportent ses visiteurs, de telle sorte qu'il est souvent en avance d'un pas ou deux sur les décideurs pourtant supposés bien au courant. Il a transformé son presbytère en bourse des nouvelles, en journal parlé de la documentation. Cela ajoute à la valeur des visites qu'on lui rend…

Mais c'est surtout la chaleur du curé qui les attire tous. Penché sur ses cartes, ou gesticulant contre des ministres et des fonctionnaires bouchés ou encore tendant les bras pour souligner la splendeur des alentours, Antoine Labelle offre un spectacle mémorable à lui tout seul. Il en joue même un peu et apprécie un bon auditoire, allant même jusqu'à organiser des dîners-conférences chez lui afin de poursuivre le plus loin possible ses campagnes de persuasion. Vorace comme pas un, il engloutit les plats les uns après les autres, sans cesser de discourir pour autant. Souvent, ses digressions le mènent si loin qu'un à un, les hôtes prennent discrètement congé, laissant l'orateur à ses envolées. Il appartient alors aux quelques courageux qui restent de subir les derniers assauts. Le curé revient à lui, constate que l'auditoire s'est clairsemé, s'accapare les dernières personnes présentes et repart de plus belle.

Un soir, Arthur Buies, le fameux journaliste, se trouve ainsi de service. Toujours à l'affût de sujets neufs et militant des régionalismes, il a depuis longtemps eu vent de la renommée du curé. Ce dernier remue tant les élus et les bureaucrates, il crie si fort pour la colonisation et le train qu'il faudrait souffrir d'une surdité peu commune pour ne rien entendre au sujet de l'Apôtre du Nord. Buies a voulu se rendre compte directement sur place et, grâce à de vagues contacts qu'il avait conservés à Saint-Jérôme, il se trouve aux premières loges un soir où Antoine Labelle s'avère particulièrement en verve. Voilà qu'après la désertion des derniers paroissiens, les deux vedettes se trouvent face à face. Antoine Labelle aussi connaît

Arthur Buies. Il sait qu'il est le fils d'un coureur de dot écossais ayant épousé une nièce des seigneuresses de Rimouski. Il sait que l'enfant a été abandonné en bas âge et élevé tant bien que mal par ses tantes du Bas du Fleuve. Il connaît surtout la réputation sulfureuse du journaliste de choc, ses liens avec le défunt Institut canadien de Montréal, celui-là même qui avait donné tant de fil à retordre à Mgr Bourget et où Wilfrid Laurier en personne avait exercé son art oratoire, celui-là même qu'il mettrait plus tard au profit de l'opportunisme partisan. Il n'ignore rien non plus de son ivrognerie légendaire. Néanmoins, il apprécie la prose de Buies, l'un des rares, sinon le seul journaliste québécois capable d'écrire correctement et dans un français brillant que tous lui envient. À l'opposé des folliculaires qui massacrent allègrement la langue, Buies offre avec sa prose une espèce d'oasis dans toute cette désolation de la presse. En principe, le curé Labelle ne devrait pas lire ces écrits souventes fois dénoncés par Mgr Bourget, mais c'est plus fort que lui. Il les dévore. Il va même jusqu'à placer dans son bréviaire des articles de Buies découpés dans les divers journaux auxquels il contribue. Souvent, les paroissiens ont vu Antoine Labelle marcher en long et en large devant le presbytère et avoir toutes les allures du prêtre faisant son devoir quotidien alors qu'il se régalait des récits de voyage de Buies, de ses chroniques si piquantes ou encore des portraits assassins qu'il dresse des politiciens de l'heure. Son impertinence le ravit, mais encore plus le souci qu'il a des informations justes et fiables. Et là-dessus, il empile le souci de la géographie et de la colonisation. Buies a déjà écrit des articles pour dénoncer les journalistes ignorants en ces matières et qui osent écrire sans connaître à fond la géographie, un vice dont on ne peut l'accuser puisqu'il est secrétaire de la Société de géographie de Québec. Il a en outre dénoncé à maintes reprises l'inaction des hommes politiques en place alors que le territoire national se vide et que le peuple émigre. Bref, sans s'être jamais rencontrés, les deux hommes se connaissent et s'apprécient déjà.

Ce soir donc, ayant épuisé tous ses auditeurs sauf celui-là, Antoine Labelle veut saisir cette occasion unique de discuter avec son hôte précieux. Et il est prêt à le relancer toute la soirée. Ayant déjà oublié le plantureux repas qu'il vient à peine d'achever, il se demande à haute voix s'il ne serait pas enfin temps de passer à table, alerte sa mère pour lui demander des victuailles et invite Buies à se joindre à lui. C'est qu'il a une idée derrière la tête, qui trotte là depuis quelque temps déjà. Est-ce que le fameux journaliste n'accepterait pas de rédiger une monographie sur le Haut-Outaouais ? Les cantons aux alentours de Saint-Jérôme commencent à se peupler bellement. Il se produit même, à l'occasion, que les colons se présentent sur place avant que les arpenteurs aient procédé. Voilà une belle hâte qui augure bien. Mais il faut songer à plus loin maintenant. Le Haut-Outaouais offre des terres plus qu'intéressantes qu'il faudra songer à exploiter aussi. Il le sait, il s'y est déjà rendu en exploration avec son guide et fidèle serviteur Isidore Martin, dit Gauthier. Car il a un guide désormais. Partir tout seul et à l'aventure était devenu hasardeux et assez peu productif. Avec Isidore, guide compétent et irréprochable, il a parcouru toutes ces régions qu'il convoite maintenant; il les parcourra encore, une cinquantaine de fois en tout, bravant les intempéries, les dangers et les inconforts de toutes sortes pour s'assurer de bien connaître le domaine qu'il veut tailler pour les siens. Bien souvent, il a exploré des endroits totalement inconnus des cartographes et des arpenteurs, remontant des cours d'eau sans nom ou cheminant avec peine dans les broussailles et les bois qu'aucun Blanc n'avait vu auparavant. Et il a l'œil à tout. Pourtant, en expédition, il adopte un train d'enfer, car le temps est compté. Néanmoins, rien ne semble lui échapper, ni la veine de mica, ni le minerai prometteur, ni la nature du sol ou la richesse de la faune et de la flore. Il en conserve une conviction: l'Abitibi, et plus encore le Témiscamingue, promettent des réussites agricoles peu communes.

Bien sûr, l'accès par le sud demeure malaisé et demande des efforts très soutenus. Le Témiscamingue, par exemple, est un véritable Lac–Saint-Jean: une vaste cuvette creusée par les derniers glaciers, qui y ont laissé des terrasses très attirantes. Hélas! on ne peut pas se le cacher, l'Outaouais n'est pas le Saguenay et il oppose à la navigation de redoutables obstacles. Sa haute vallée, étroite et tourmentée, fait culbuter les eaux dans de dangereux rapides. Ce sont de tristes réalités qu'il ne faudra pas occulter, mais par lesquelles il ne faudra pas se laisser rebuter non plus. Bien sûr aussi, les hivers y sont rudes, pour l'instant, et la terre demeure froide trop longtemps. C'est à cause de la forêt et de son plancher isolant de mousses et de débris végétaux. En outre, l'ombre projetée par le feuillage rafraîchit exagérément l'atmosphère. Dégagez les arbres, ouvrez des terres et vous verrez le soleil réchauffer le tout au plus grand bénéfice des agriculteurs. Le sol laissé là par les glaciers est d'une fertilité et d'une texture peu communes. Il est franc et contient peu de roches; donc il n'a rien pour casser la charrue et décourager le laboureur. Tout se conjugue au contraire pour enrichir celui qui saura s'en occuper. Antoine Labelle sait tout cela et sait le transmettre avec conviction à son interlocuteur. Il ne se sent quand même pas un talent littéraire suffisant pour enflammer les imaginations. Il lui faut un professionnel de la persuasion. Arthur Buies voudrait-il être celui-là? Le journaliste est tout de suite d'accord.

Soucieux de la fiabilité de ses écrits, Arthur Buies ébauche déjà dans sa tête les excursions à mener, les rapports d'arpentage à compiler, les relevés de revenus à dépouiller, les informateurs à consulter. Dans sa sincérité du moment, Buies se voit déjà livrer la «marchandise» rapidement et splendidement. La réalité s'introduit pourtant avec brutalité dans ce rêve. Buies tire le diable par la queue et en est réduit à rédiger article sur article dans les feuilles de chou et les journaux plus établis pour joindre les deux bouts. Afin d'y remédier quelque peu, Antoine Labelle active ses liens avec les milieux politiques de Québec. Il obtient pour Buies une sinécure auprès du Commissaire des terres de la Couronne, Félix-Gabriel Marchand[1], au mois de juin 1879. Sa tâche: rédiger une monographie digne de capter l'attention, monographie qui devient, en 1880,

1. Futur premier ministre du Québec, 1897-1900.

Le Saguenay et la Vallée du lac St-Jean ; étude historique, géographique, industrielle et agricole. Loin de se contenter de répondre à une commande alimentaire, Buies en tire une ode éclatante aux beautés du fjord. Lui-même ému par le grandiose du site, touché par l'épopée des colons déjà installés, il rédige là un ouvrage qui dépasse en art et en intérêt le simple documentaire pour atteindre le rang des classiques.

L'ouvrage est extrêmement bien accueilli, mais déclenche une polémique. Arthur Buies a été fortement intrigué par la nature même du Saguenay. D'où peut bien provenir cette profonde zébrure dans le granit des Laurentides ? Comment ces rocs vieux comme la Terre elle-même ont-ils pu laisser place à ce fossé gigantesque ? Pour lui, la solution est claire : seul un cataclysme d'une ampleur inimaginable a pu créer cette tranchée. Ce cataclysme de Buies provoque des remous chez les géologues. L'abbé Laflamme[1], notamment, s'inscrit en faux contre cette explication. L'abbé a déjà exploré ces régions et pour lui le cataclysme est une hypothèse dont on peut se passer, une pure fabulation. Au contraire, tout indique que c'est la dernière glaciation qui a creusé cette auge. Point de phénomène violent et fulgurant, mais des processus graduels d'usure par le frottement et le poids. Tout cela est bien bel et bon, mais cela retarde la rédaction de l'ouvrage sur le Haut-Outaouais. Antoine Labelle doit donc faire preuve de patience, d'une patience exemplaire, car en plus il doit souvent ramasser son scribe dans le cani-

1. Joseph-Clovis-Kemner Laflamme, 1849-1910. Premier géologue canadien-français, grand vulgarisateur, inspirateur des réformes du système d'enseignement.

veau où il finit presque toujours après avoir abusé de la dive bouteille. Néanmoins, et en dépit de toutes ces incartades et de tous ces retards, Antoine Labelle et Arthur Buies demeurent inséparables. On ne peut guère évoquer l'un sans penser immédiatement à l'autre. Et quelle paire ils forment : l'entêtement, la persévérance bourrue et bon enfant de l'un alliés à la subtile élégance et à la plume efficace de l'autre composent un mélange particulièrement actif. C'est ainsi que toutes les idées du curé, tous ses projets, tout ce qu'il souhaite pour avancer la cause de son peuple trouve un écho puissant et bienveillant dans les journaux grâce au truchement de son acolyte. De l'avis de Buies, avoir ses entrées dans les milieux journalistiques n'a rien de négligeable ni de méprisable, bien au contraire. Il faut savoir user de ce moyen moderne de communication comme il faut savoir doser les pressions et les sollicitations auprès des élus.

Mais Buies a la bougeotte. Le Québec ne lui suffit pas, il lui faut le continent tout entier. D'où de longs voyages en Nouvelle-Angleterre, dans les plaines de l'Ouest, ailleurs encore. Il ne néglige pas l'Outaouais entièrement toutefois, et il donne au journal *Le Nord*, de Saint-Jérôme, une série d'articles sur la grande vallée ainsi que sur les cantons du nord. Et les années passent, marquées par les pointes d'humeur et les emportements célèbres du vaste curé. Enfin, ça y est. Buies est décidé à s'y mettre pour de bon. Au printemps de 1887, il entreprend de planifier ses explorations, dresse l'inventaire des bagages indispensables, compulse les ouvrages disponibles puis... tombe amoureux. Le célibataire endurci se rend sans combattre et se marie au mois d'août. Nouveau retard... Ce n'est qu'en 1889 qu'il publie enfin *L'Outaouais supérieur* tant attendu. Ouvrage lumineux, informé, clair et qui tombe complètement à plat. Comme le dira Buies lui-même : « Il est aussi encensé que peu lu. » Pourtant, voilà bien une monographie précieuse. Tout le savoir du curé s'y retrouve en bonne place : le plateau laurentidien déguisé en montagnes, l'action des glaciers, les luttes hypocrites et dévastatrices des compagnies forestières, la qualité des sols, la colonisation possible et prometteuse. Débordant largement la région, Buies, à l'instar de son inspirateur, énumère les trois grands cours d'eau donnant sur la rive gauche du fleuve : le Saguenay, le Saint-Maurice, l'Outaouais. Or, par une bizarrerie des terrains nordiques, ces puissantes rivières prennent leur source presque au même endroit toutes trois, de telle sorte qu'il est aisé, même à pied, de passer d'un bassin versant à l'autre, ce qui pourrait prodigieusement faciliter l'exploitation de ces territoires. Qui plus est, ces mêmes bassins mettent également le voyageur en rapport avec les vastes régions du Nord-Ouest que la sagacité, le courage et l'endurance des coureurs de bois canadiens-français avaient mis à profit pour l'industrie de la fourrure.

Révélation pour Buies, c'est devenu une obsession pour Antoine Labelle. Dès sa première rencontre avec Edme Rameau de Saint-Père, alors qu'il était tout jeune curé à Saint-Antoine-Abbé, le ver s'était mis dans le fruit. Étudiant, à Paris, sur des cartes, l'occupation des sols en Amérique du Nord, Rameau avait bien vu et observé les territoires que les Anglo-Saxons s'étaient adjugés. Il avait aussi noté le mouvement de tenailles par lequel ils voulaient englober et cantonner les Canadiens français avant de les faire disparaître une bonne fois pour toutes. Seul remède contre cette volonté du diable : s'étendre, sortir du Québec, occuper tout le Nord-Ouest, s'emparer du sol dans tout le nord de l'Ontario et s'installer, nombreux et indélogeables, au moins jusqu'à Winnipeg, et pourquoi pas jusqu'au Pacifique ? S'emparer du sol. « Conquérir nos conquérants ! » comme disait son père. Antoine Labelle a dès ce moment fait de cette phrase son leitmotiv. D'autant plus qu'il a gardé le contact avec son mentor et les deux amis sont devenus des conspirateurs transatlantiques pour redonner aux Français d'Amérique une place appréciable sur le continent. Pas question, pour ces deux conjurés, de baisser les bras et d'attendre passivement la disparition ; il faut lutter pour regagner ce qui revient de droit.

Pour concrétiser cette conviction, Antoine Labelle décide de passer en Europe afin de recruter des immigrants francophones susceptibles de venir prêter main-forte aux siens et de poursuivre la tâche déjà amorcée. Car il a déclenché une véritable épopée, et ce qu'il demande à ses colons mérite considération. Quand un candidat se décide à lorgner du côté des Laurentides ou au-delà, il part, à la fin de l'automne, se rendre compte sur place. Les moissons faites et les tâches les plus pressantes expédiées, il part, à pied ou en canot, couvrir les centaines de kilomètres qui le séparent du lot à lui imparti. Il faut se presser car, sur place, le colon doit impérativement abattre les arbres nécessaires à la construction de la fruste cabane dans laquelle il accueillera les siens au printemps suivant.

Ce n'est guère le temps du vague à l'âme ni du doute. En canot, il faut, à force de bras, remonter un courant encore puissant. Devant les rapides et les chutes, il faut se résoudre à tout porter sur la tête, canot y compris. Bien sûr, ces lieux sont parcourus par les Amérindiens depuis de nombreuses générations et, à la longue, les sentiers de portage, bien piétinés, se sont clairement inscrits dans le sol. Il n'y a qu'à les suivre. Souvent, aux passages les plus difficiles, un sommaire trottoir de bois a été aménagé ou encore des marches ont été esquissées dans les parois. Néanmoins, ces aménités adoucissent à peine la rudesse de l'équipée. C'est un homme déjà épuisé, amaigri qui arrive à l'endroit dit. Là, la force musculaire ne suffit plus. Il faut d'importantes ressources intérieures pour réussir, seul, ce premier défrichement, cette première implantation.

L'équipée du printemps suivant est encore pire. Jusque-là, le colon n'est parti qu'avec l'extrême strict nécessaire: quelques provisions, la hache et son affûtoir, un fusil... Au printemps, c'est la famille entière qui suit, avec l'ensemble de ses possessions, les vêtements, la batterie de cuisine, les meubles... tout cela à porter successivement en charrette, le plus loin possible dans des chemins ne méritant même pas leur nom, souvent le canot, les portages, le découragement... Le plus difficile à déplacer, c'est la cuisinière à bois en fonte. On a beau l'alléger au maximum, lui enlever les accessoires les plus lourds et les plus encombrants, c'est une fameuse pièce. Et les enfants qui pleurent parce qu'ils ont faim, qu'ils ont soif, qu'ils sont fatigués. Et les questions incessantes. Ce sont des souvenirs d'héroïsme que l'on engrange pour plus tard.

Beaucoup plus tard, car sur place l'enfer se poursuit durant les premières années. Souvent, parce qu'il n'a pas voulu les porter ou parce qu'il n'avait pas les moyens de les acheter, le colon n'a même pas d'instruments aratoires à sa disposition. Il doit les bricoler sur place. Après avoir allumé un feu de forêt pour dégager sa terre, il s'empare d'une grande pièce de bois, souvent un arbre avec un bout de racine, et s'en sert comme d'une charrue. Pendant qu'il prend la place du cheval ou de la vache inexistants, sa femme s'emploie tant bien que mal à tracer des sillons à peu près convenables. Le sol est léger et sablonneux et, n'étaient les racines courant en tous sens sous la surface, l'exercice se déroulerait sans trop de mal s'il ne fallait compter avec la cendre des arbres brûlés. Piétiner là-dedans impose un supplice de tous les instants. La poussière étouffe et empêche de respirer. Elle s'insinue partout sur le corps aussi et adhère à la peau comme une pellicule qui n'a même pas le mérite de protéger contre les moustiques et les brûlots. Quant vient enfin la maigre récolte, il faut quand même aller au moulin. Le plus proche se trouve souvent à quelques dizaines de kilomètres. C'est encore à pied, ses poches de grain sur les épaules, que le colon s'y rend et c'est à pied qu'il en revient avec les objets de première nécessité qu'il n'oublie surtout pas de rapporter en sus de sa farine.

Antoine Labelle compatit avec toutes ces servitudes. Il s'emploie à les alléger dans la mesure de ses moyens. Ses nombreuses et constantes démarches pour amener le train plus loin et pour faire aménager des chemins supplémentaires, et des meilleurs, n'ont pas d'autre but que d'adoucir le plus possible la tâche de ces héros de la reconquête. Assez étonnamment, ces gens qui ont tant peiné et souffert de l'avoir écouté, de s'être laissé convaincre par ses cartes et ses sermons, ne lui en veulent pas, au contraire. Ils l'accueillent en sauveur quand il vient faire la tournée des nouveaux cantons, quand il vient faire ériger une église, un presbytère ou une école. Surtout qu'il apporte aussi, le plus souvent, de l'aide. Des semences quand il en manque ou, encore, la compréhension des autorités civiles lorsque le colon, étranglé par de mauvaises récoltes, ne peut plus tenir les engagements qu'il a pris. Secours moral aussi quand il rassemble tout son petit monde pour tâcher de l'égayer et de l'instruire. Sa simplicité et sa bonhomie continuent de faire merveille. Sa carrure et sa force aussi. Malgré son embonpoint remarquable, Antoine Labelle conserve une souplesse et une énergie surprenantes. Il lui arrive d'en remontrer aux vantards et plus d'un colosse s'est retrouvé par terre, forcé de baiser, contre sa volonté, le sol nourricier pour avoir cru le curé quantité négligeable. Erreur! Mais, surtout, pas de chichi avec lui. Par exemple, il refuse systématiquement le lit qu'on lui propose, souvent le seul de la maison. Il dort par terre pour bien marquer, si c'était nécessaire, qu'il connaît parfaitement la dureté des conditions de vie et qu'il ne veut rien y ajouter.

7

Conspiration française (1885-1887)

Hélas! le flot de l'émigration ne tarit pas. Donc, il faut trouver de nouvelles sources de peuplement. Il serait temps de jeter un coup d'œil en Europe, du côté de la France, de la Suisse et de la Belgique. En 1885, jouant de ses relations à Ottawa, Antoine Labelle obtient une mission de reconnaissance et de recrutement. Il se fait accompagner par l'abbé Jean-Baptiste Proulx[1] qui agit comme secrétaire. Sa renommée est telle que le député Joseph Tassé, directeur du journal conservateur *La Minerve*, réclame à l'abbé Proulx une correspondance régulière qu'il désire publier pour que

1. Futur vice-recteur de l'Université Laval à Montréal.

Famille de colons à Labelle (Chute-aux-Iroquois) en 1895.

tous, ici, soient informés, par le menu, de cette aventure française[1].

Le 19 février, il quitte Montréal pour Halifax où il monte à bord du *Circassian*, qui l'amène à Liverpool, deux semaines plus tard, le 4 mars. Voyage — en train d'abord, en navire ensuite — tout à fait sans histoire si ce n'est que le brave curé déclenche une espèce de panique dans le wagon-lit lorsqu'il prétend s'installer dans les couchettes du haut. Vu son embonpoint, nul ne veut se risquer dans les couchettes du dessous. On insiste pour qu'il prenne un lit du bas... De Liverpool, il se rend à Londres expédier les civilités protocolaires auprès de l'attaché canadien avant de se précipiter à Paris où Hector Fabre, frère de son évêque[2], officie à titre de haut-commissaire. Il reçoit accueil chaleureux et offres sincères de service. Hector Fabre agit lui-même en véritable missionnaire en France et reçoit à bras ouverts les « pays ». Bien branché sur le tout-Paris et entremetteur efficace, il met ses talents à disposition. Mais le curé a lui aussi ses propres réseaux. Ecclésiastiques, bien sûr, qui lui ouvrent de nombreuses portes, mais laïcs également. Il ne tarde pas, notamment, à se mettre en contact avec son correspondant régulier Edme Rameau de Saint-Père. Rameau, qui a attaché le grelot de la menace anglo-saxonne pesant sur le Québec et son peuple, s'inquiète maintenant du sort des Acadiens. Ceux-ci, déportés, massacrés, jetés aux oubliettes, ne connaissent plus

---

1. En 1888, le recueil de ces lettres sera publié à Montréal, chez Beauchemin et Fils, sous le titre *Cinq mois en Europe ou Voyage du Curé Labelle en France en faveur de la colonisation*.
2. Tous deux sont beaux-frères de George-Étienne Cartier par leur sœur.

rien de leur histoire. Rameau s'emploie à y remédier. Passionné par son sujet, il sensibilise son entourage aux drames vécus par tous les peuples français d'Amérique. Il vit à Nemours — certainement très loin de son sujet d'étude — pourtant il le connaît mieux que quiconque. Et surtout, il connaît des gens puissants susceptibles d'apporter une aide précieuse.

Par exemple, après avoir réservé un accueil somptueux à ses hôtes, il les aiguille immédiatement vers Onésime Reclus. Le célèbre géographe, qui a déjà entamé la publication de son œuvre monumentale, *La France et ses colonies*, ne se remet pas du désintérêt des Français pour les lambeaux de France abandonnés un peu partout. De fil en aiguille, Antoine Labelle est également présenté à Louis-Napoléon-Bonaparte Wyse, un multimillionnaire dont les prénoms sonnent comme un programme à eux seuls. Lui non plus n'accepte pas le désengagement français des possessions d'outremer, surtout pas les américaines. Il est tout disposé à mettre ses immenses ressources au service de la «reconquête». À peine le curé a-t-il le temps, à travers tous ces rendez-vous et toutes ces visites, de faire un peu de tourisme. Si, quand même. Ses hôtes, soucieux de le faire profiter de tous les charmes de la capitale, l'amènent un soir dans une boîte de nuit où se dévouent des danseuses peu vêtues. Poli et soucieux de ne pas trop déplaire, il se fait tout «petit» et se réfugie dans l'entrée pour réciter quelques patenôtres. Ouvert, mais pas téméraire.

Antoine Labelle préfère de beaucoup se rendre à Rome se ressourcer à la fontaine même de sa ferveur religieuse. Cependant, il est ardu de faire taire la passion lorsqu'elle nous tient. La vue des Alpes, par exemple, lui inspire respect et étonnement. Mais en même temps, il ne peut éviter les comparaisons. Dans ce chaos de pierres où les vallées, étriquées, comptées, sont placées en altitude, les cultivateurs s'acharnent à tirer une subsistance chiche et durement gagnée. Quelles merveilles ne feraient-ils pas dans les Laurentides, là où la richesse, largement étalée, s'offre facilement à qui prendra la peine de s'en apercevoir! Voilà un argument à servir et à resservir pour gagner des immigrants. Même chose dans les Apennins. Les comparaisons fusent encore. Ces montagnes lui rappellent les Laurentides. Même hauteur à peu près, même douceur des pentes. Mais ici, le sol est mince, farci de racines invincibles. Alors que dans les Laurentides... Et puis, il y a les lacs et les rivières. En Savoie, l'eau, rare, manque ou bien se précipite en torrents indomptables. Pas de lacs à profusion ici, pas de douces rivières, pas de pêche sportive, pas de douceur de vivre. Et puis, tout est si petit ici, encerclé, encavé, délimité. Tandis que dans les Laurentides, le pittoresque est jeté à pleine main, il est ouvert, large. Regardez seulement la vaste plaine qui s'étend sans encombre de la rivière du Lièvre au lac Nominingue. Il déborde encore plus loin, se rend jusqu'au Manitoba à tout le moins. Bref, les Laurentides ne seront pas la Suisse du Canada, elles sont déjà beaucoup mieux! Et si l'Italie du Nord, avec ses petites plaines étiques, peut accueillir une population aussi nombreuse et forte, regardez bien ce que deviendront les Laurentides.

En voyage, Antoine Labelle n'admire pas seulement; il soupèse, il pérore déjà. Il tempête aussi. Les politiciens obtus continuent de le hanter, où qu'il se trouve. Il a obtenu son chemin de fer de Saint-Jérôme, il lui faut obtenir son prolongement. Saint-Jérôme n'était qu'un début. Pour accueillir et bien desservir l'ensemble des nouveaux arrivants, il faudra un train qui remonte toute la vallée de la rivière du Nord, puis celles de la Nation et du Lièvre avant de gagner les sources de l'Outaouais jusqu'au lac Témiscamingue. Voilà le curé bien remonté et prêt à affronter n'importe quel contradicteur assez culotté pour dire que les Laurentides font obstacle. « Est-ce que les Alpes, est-ce que les Apennins forment un obstacle ? Il n'y a qu'à faire comme les Européens. Ils suivent le cours des rivières. Une rivière qui coule dans les montagnes a trouvé depuis longtemps le chemin le plus facile. Suivons-la et les difficultés seront vaincues. » À des milliers de kilomètres de chez lui, devant des co-passagers sidérés, il assène à tue-tête ces vérités simples, mais que les élus s'obstinent à ne pas comprendre…

Et puis, le voilà de retour à Paris, à la mi-avril, juste à temps pour apprendre que les Métis de Louis Riel — incapables de supporter davantage les exactions des Canadiens anglais — se sont soulevés pour conserver et leurs terres ancestrales et le mode de vie de leurs pères. Antoine Labelle espère qu'une entente à l'amiable pourra être trouvée, mais au plus profond de lui-même il conserve peu d'espoir. Les Anglais qui ont écrasé dans le sang la Rébellion québécoise, qui ont tué, pillé, violé, incendié, ne feront probablement pas plus de quartier dans l'Ouest. Il se doute bien qu'aveuglés par leurs intérêts à court terme et par leur xénophobie envahissante, ils se livreront là comme ailleurs à des massacres inexpiables. Raison de plus pour ne pas abandonner l'Amérique aux Anglo-Saxons. Et il redouble d'ardeur. Il rédige, avec l'abbé Proulx, deux brochures : *Le Canada, le Curé Labelle et la colonisation*, prête pour distribution le 20 avril 1885, et *Le guide du colon français au Canada*, livré le 7 juin. Surtout, il fonde avec Onésime Reclus la Société de colonisation du lac Témiscamingue. En 1879, déjà, Antoine Labelle avait fondé la Société de colonisation du diocèse de Montréal. Il en avait rédigé les statuts et, surtout, il avait eu pour elle des ambitions à sa mesure. Pourtant, les souscripteurs s'étaient montrés infiniment moins généreux que ce qu'on attendait d'eux, car la crise économique sévissait encore et nombre de goussets s'étaient trouvés désespérément plats.

À Paris, la situation se présente tout autre. Quarante-quatre souscripteurs achètent immédiatement cent un lots à mille francs pièce, puis en rachètent cent autres, à mille cinq cents francs pièce, sur la rive ontarienne du lac. Reclus lui-même y investit neuf mille francs sans compter d'autres dons. Il va de soi que Reclus, pas plus que Rameau d'ailleurs, lui-même un acheteur enthousiaste, ne songe nullement à s'installer là-bas. Non. Ils veulent spéculer, mais pour le bon motif. Il a été décidé — sur les instances de Rameau et d'Antoine Labelle, très persuasifs en ces matières — qu'il faut en effet occuper tout le Nord-Ouest. Il y faudra des ressources gigantesques. La spéculation au Témiscamingue — tout en ouvrant le territoire aux futurs colons — financera cette marche incoercible vers l'ouest. Le mouvement est bien lancé.

Si bien lancé, en fait, qu'Antoine Labelle se prend à rêver. Entretenant une vaste correspondance, il annonce notamment au curé Filion, de Saint-Jean-Baptiste-de-Manitoba, qu'il travaille à réunir par voie ferrée les deux rivières Rouge, la sienne dans les Laurentides et celle de l'Ouest. Tout cela est parfaitement clair dans sa tête. Il faut d'abord se rendre aux rivages de la baie de James puis, par un embranchement, tracer une ligne de rails passant au nord du lac «Népigon [1]» jusqu'à Winnipeg.

Antoine Labelle serait bien resté en France quelques années de plus pour solidement amorcer la pompe à immigration. Surtout que les résistances gouvernementales sont fortes. Les guerres de Napoléon III ont décimé la France et les autorités ne voient pas d'un bon œil des agents recruteurs étrangers qui risquent de retarder le redressement démographique. Ce qu'Antoine Labelle craint pour son peuple lorsqu'il le voit partir aux États-Unis, les gouvernants français le craignent pour le leur. Ce n'est pourtant plus possible de prolonger son séjour, et dans la deuxième semaine du mois d'août 1885, il s'embarque pour le retour. Pas seul, cependant. Loin de là. Son secrétaire Jean-Baptiste Proulx est déjà rentré, mais il est remplacé par une délégation d'une soixantaine de Français et de Belges désireux d'évaluer sur place les possibilités. Parmi eux des hommes d'affaires et même des journalistes chargés par leurs publications respectives de rendre compte de cette «exploration». C'est une occasion à saisir comme il avait saisi celle de la corvée du bois. Si la France se désintéresse du Québec et du

1. Nipigon, selon l'orthographe de maintenant.

Canada français, c'est qu'elle les croit irrémédiablement perdus. Pas seulement perdus, mais complètement disparus. Le Canada est une possession anglaise, un point c'est tout. La France ne se mêle pas des possessions anglaises.

Rameau de Saint-Père a eu beau signaler que les Français d'Amérique demeurent très vivants et très attachés à la mère patrie, il n'a pas été suivi par la chancellerie : le gouvernement français n'a pris aucune initiative de fraternisation, n'a jeté aucun pont. Antoine Labelle se dit que la délégation qu'il traîne en remorque aura peut-être un plus grand retentissement. Il faudra surtout soigner les journalistes... Mais il n'a pas vraiment à forcer la note. Déjà, à Saint-Jérôme, où il avait prévu une digne réception, la population s'est en effet massée sur le parcours pour manifester bruyamment son attachement. Même scénario aux autres étapes : dès que la délégation s'annonce quelque part, une foule immense s'assemble pour l'accueillir et la fêter. C'est toute une révélation et bientôt des dépêches émues, transportées, inondent les journaux de Paris et de Bruxelles. Les ponts coupés par l'envahisseur sont en train de se rebâtir. La réputation du curé grandit à mesure. L'ascendant qu'il exerce sur son peuple n'échappe à personne, et le titre qu'on lui décerne volontiers chez lui — le Roi du Nord — traverse l'Atlantique. Les correspondants se bousculent pour souligner les résultats de son activité. Le chemin de fer, les industries qu'il a assises au bord des cours d'eau, l'arpentage des cantons, les routes qui se sont ouvertes, le combat contre l'émigration. La personnalité d'Antoine Labelle, surtout, les tient sous le charme et un des visiteurs a souligné qu'en venant au Canada, on peut bien sûr visiter les chutes du Niagara, mais il faut surtout rendre visite au célébrissime curé. Grâce à lui, la France retrouve la Nouvelle-France. Antoine Labelle espère qu'elle l'embrassera. Il va même jusqu'à accompagner la délégation un peu partout au Canada, s'arrêtant notamment à Saint-Boniface, pour bien souligner tout l'intérêt que présente le Nord-Ouest. Voyage fertile, et qui génère son lot d'investissements et d'immigration.

Mais déjà, il faut reprendre les activités quotidiennes. Pourtant, tout se trouve changé. Le parti conservateur par exemple, le parti au pouvoir depuis si longtemps, est devenu méconnaissable. L'affaire du chemin de fer de Saint-Jérôme lui a été fatale. Construit par Québec, au coût de douze millions de dollars, ce chemin de fer a été revendu à perte, le 4 mars 1882, par le premier ministre Joseph-Adolphe Chapleau, «son» Chapleau, «son» député de Terrebonne. Cette vente s'est faite en deux temps, une partie étant cédée au Pacifique canadien et l'autre à Louis-Adélard Senécal, un ami intime de Chapleau, ami qui revendra d'ailleurs sa part immédiatement avec force profits. La vente, consentie par Chapleau pour huit millions de dollars, a été catastrophique pour son parti, qui s'est scindé en deux factions. Les guerres fratricides sont les pires. Une faction, revendiquant seule l'appellation de «conservateur», s'est enfoncée dans un profond sectarisme, une espèce d'intégrisme bien décidé à faire prévaloir la puissance ecclésiale de Rome sur le pouvoir laïc. L'Église d'abord, le reste ensuite. Cette faction prend le pseudonyme de «Castors» pour se distinguer de l'autre groupe, d'inspiration plus affairiste et nationaliste. Ultramontains — ultramontés, dit Antoine Labelle — et conservateurs modérés s'affrontent depuis, au sein du même gouvernement. À la fin de 1885, cette situation ne peut plus durer. Les Anglais viennent d'assassiner Louis Riel sur l'échafaud. Le cœur du Québec bat à l'unisson avec celui des Métis. « Riel, notre frère, est mort », s'écrie le chef du parti libéral, Honoré Mercier. Une agitation énorme secoue la population. Surtout que les Canadiens français supportent de plus en plus mal l'exploitation éhontée dont ils sont victimes. L'empire leur pèse plus qu'une chape de plomb. En 1886, aux élections, un sursaut nationaliste les fait tressaillir. Les conservateurs mordent la poussière et dès le 27 janvier 1887, après une dernière joute parlementaire, le Québec a un nouveau premier ministre particulièrement flamboyant : Honoré Mercier.

Arthur Buies (1840-1901), journaliste, homme de lettres
et proche collaborateur du curé Labelle.

8

Antoine Labelle, sous-ministre
(1885-1887)

Tout est changé, mais en même temps les pro-
blèmes demeurent. Le chemin de fer ne progresse
pas au goût d'Antoine Labelle, ni les routes. «Pourtant,
écrit-il à son évêque, si une épidémie dévastatrice
venait tuer vingt mille ou trente mille de nos gens, les
gouvernants s'en émouvraient. Ils débloqueraient sans
compter des budgets pour prendre les mesures nécessaires, pour enrayer le mal. Si l'on considère que
l'émigration nous enlève des contingents aussi élevés,
comment se fait-il que Québec ne fasse rien?» Il
répète pour bien enfoncer le clou: «L'émigration aux
États-Unis, c'est le cimetière de notre race.» C'est

qu'Antoine Labelle s'inquiète de plus en plus. Surtout qu'il ne peut plus guère compter sur ses accointances «bleues», puisqu'elles viennent de perdre le pouvoir. Sera-t-il compris des «rouges»? Il en doute, d'autant plus qu'il se méfie d'eux. Mais il ne voudrait quand même pas que ses efforts de tous les instants soient perdus. Il a déjà ouvert et peuplé un territoire considérable. Il s'est même rendu jusqu'au Rapide de l'Orignal[1]. D'après ses calculs, il a œuvré sur un front de cent soixante kilomètres de large et montant dans le nord, au-dessus de Saint-Jérôme, sur deux cent cinquante kilomètres. Une vastitude qui lui donne le vertige, à lui tout comme aux autres, et qu'il n'oublie jamais de rappeler à ses colons. Eux, au moins, ne manqueront pas de terre, au contraire de leurs confrères européens coincés dans les petites vallées alpestres. Néanmoins, il n'est pas rassuré. D'abord, il se fait plus vieux et, à cinquante-trois ans, les expéditions en canot et l'exploration en général lui sont devenues infiniment pénibles. Pourtant, quelle joie tout cela a représentée à une époque, et que de souvenirs éblouis il en garde! Les images se mettent à défiler: le voile d'eau irisée au pied des chutes, les éclaboussures des déferlements, la sueur au corps après le dur combat contre le courant, la hâte de profiter enfin du répit offert par un plan d'eau ou un méandre paresseux, la fraternité des voyageurs. Tout cela illumine ses souvenirs. Dans ses moments de doute, quand tout semblait irrémédiablement bouché, il se requinquait en songeant aux petits matins se levant au bord de lacs de

---

1. Mont-Laurier.

rencontre ; le ciel faisant mine de pâlir, l'eau couleur de
lait, la fine brume s'élevant de la surface aqueuse pour
promettre déjà la splendeur des midis d'été. Comment
renoncer à ces richesses gratuites ? Ne verra-t-il plus
les rapides imposés çà et là par la retraite des glaciers ?
Les tourbillons perfides des cours d'eau rendus furieux
par les ruptures de pente ? Pour qui couleront désormais « ses » rivières ? La Sagué [1], la Rouge, la Nord,
la Nation, la Diable, la Macassé, la Maskinongé ? Ne se
frottera-t-il plus à la rude camaraderie des bûcherons ?
Ne profitera-t-il plus de la chaleur accueillante des
colons ? Il lui vient des pleurs à l'âme en passant en
revue la pléthore de ces renoncements annoncés. Il
faudra quand même y venir puisque le corps ne peut
plus répondre aux exigences du rêve. Pas tout de suite,
quand même, car il sait bien que sa tâche n'est pas
achevée.

Il lui faut le prolongement du chemin de fer et un
solide réseau routier pour vraiment mettre le tout en
valeur. Il réclame à cor et à cri deux grandes routes,
l'une partant de Saint-Donat pour se rendre jusqu'au
Mattawa [2], affluent de la rive droite de l'Outaouais,
tandis que l'autre, perpendiculaire, relierait le canton
Archambault à la Ferme d'En-Haut [3]. Et bien sûr, un
ensemble de chemins secondaires viendrait se
brancher sur cette armature, pour vraiment desservir la
colonisation. Sans compter qu'un jour il faudrait envisager de monter encore beaucoup plus haut. La mer
d'Hudson est là qui attend ! On peut l'atteindre en

1. Que l'on écrit désormais Saguay.
2. Porte d'entrée du Nord-Ouest.
3. L'Ascension.

remontant les affluents principaux du grand fleuve jusqu'à la ligne de partage des eaux, puis en descendant ensuite les tributaires de la baie de James. Voilà encore un territoire qui attend les siens et qu'il faudra occuper impérativement. Tout cela afin d'assurer l'avenir de la Nation.

Bref, sa tâche n'est pas achevée, mais il déposerait bien le fardeau au profit d'un plus jeune, si celui-ci se présentait. Car, malgré ses réussites indéniables, il est un peu fatigué de prêcher dans ce qui lui apparaît de plus en plus comme le désert. Or, ce n'est qu'une impression, une impression fausse. Le nouveau régime instauré par Mercier est lui aussi extrêmement préoccupé par l'avenir de la Nation. C'est d'ailleurs cette idée qui l'anime tout entier. Mercier était même allé jusqu'à offrir à Chapleau[1] de s'effacer devant lui et de l'appuyer dans toutes ses entreprises politiques pourvu qu'il démissionne en signe de protestation contre l'abus de pouvoir commis à l'encontre de Louis Riel. En vain. Malgré toutes les supplications de Mercier, et même de l'ensemble des Québécois, Chapleau avait choisi la fidélité à son parti plutôt qu'à son peuple. En le voyant couvrir cette abomination, qui coûtera d'ailleurs le pouvoir aux conservateurs, Mercier s'était senti libéré. C'est pour cela que, dès son entrée en fonction, il a proclamé une politique d'affirmation tranquille de la présence française en Amérique. Antoine Labelle note alors, comme tout un chacun, que le nouveau premier ministre a des idées bien arrêtées, au point que, d'entrée de jeu, il n'a rien de plus pressé que de convoquer

---

1. Chapleau avait quitté le poste de premier ministre du Québec, quelques années plus tôt, pour se contenter d'un ministère à Ottawa.

une conférence inter-provinciale pour remettre Ottawa à sa place. Rien de plus pressé non plus que de redresser les finances publiques afin de les désengluer des pesanteurs fédérales.

Antoine Labelle ne peut que ressentir un chatouillement de fierté lui parcourir le corps entier et, subitement, lui rappeler le récit des exactions anglaises contre les Patriotes que lui racontait son père, assis sur son banc de cordonnier, il y a bien longtemps. Mais quand il entend Mercier annoncer en plus la création d'un «département» de l'agriculture et de la colonisation, là, franchement, il dresse l'oreille. Surtout que Mercier parle de la colonisation et de la nécessité d'occuper le Nord-Ouest comme si c'était lui-même qui parlait. Subitement, il se découvre un intérêt marqué pour ce nouveau gouvernement. Mercier ne s'est-il pas réservé ce ministère pour lui-même, marquant ainsi toute l'importance qu'il attache à la reconquête du territoire? C'est même son souci principal. Sans compter qu'il finance allègrement les chemins de fer et l'ouverture de nouvelles routes, car il désire réellement développer le pays et donner ainsi aux cultivateurs les moyens d'une exploitation rentable.

Ce tourbillon de réformes effraie les opposants, mais laisse à Antoine Labelle un sourire aux lèvres. Cet ancien adversaire politique est en train de réaliser son programme? Bravo! Malgré cet enthousiasme, il est quelque peu étonné lorsque Mercier l'approche. Ce dernier veut bien demeurer titulaire du ministère, mais il va de soi qu'il ne peut s'en occuper autant que nécessaire. Il aurait besoin d'un homme à poigne, connaissant parfaitement le dossier et doté d'un fort charisme pour imposer les changements requis, sans égard aux résistances. Bref, Mercier a besoin de « l'apôtre du Nord » et lui propose, au mois de mai 1888, le poste de sous-ministre [1] de l'agriculture et de la colonisation. Silence embarrassé. Pris de court, Antoine Labelle se trouve quelque peu désarçonné par la proposition. La fonction publique ne convient guère à la prêtrise. Et puis… que dira le parti conservateur, sa famille politique ? Elle va sûrement le honnir, le dénoncer, lui mettre des bâtons dans les roues. Tout cela est bien vrai et prévisible. Mais tout cela importe-t-il vraiment ? On lui propose le pouvoir et les moyens de mettre ses rêves en route, de les lancer sur la voie de la réalisation. Il faut accepter, bien sûr. Avec joie et même avec empressement. C'est tout naturel.

D'ailleurs, il se voit déjà couvrant le Québec de chemins de fer. Depuis le temps qu'il crie pour obtenir une voie ferrée le long de la Gatineau, une autre allant de Chicoutimi [2] à la Pointe-Bleue au Lac–Saint-Jean et surtout celle du Témiscamingue, il aurait bien mauvaise grâce de refuser l'occasion qu'on lui propose de tout mettre en branle. Quand Honoré Mercier annonce à la Chambre, le 16 mai 1888, que le curé Labelle accepte le poste, il déclenche tous les malheurs que son sous-ministre avait craints : sifflets de rage et dénonciations, mais aussi applaudissements car, malgré le dépit des anciens alliés, tous reconnaissent en leur for intérieur que le choix est particulièrement judicieux. Certains doutent néanmoins que le curé saura s'astreindre à la vie de bureau. L'homme des grands

1. Assistant commissaire, dans le vocabulaire de l'époque.
2. Saguenay, de nos jours.

espaces, l'explorateur insatiable, l'adepte du bivouac impromptu pourra-t-il s'enfermer entre quatre murs? Certains demeurent sceptiques. Pourtant, il s'y fait. Il se montre même d'une exactitude qui étonne tout le monde : il est à l'heure à ses rendez-vous, écoute le plus patiemment possible les quémandeurs et réfrène ses terribles colères dans la mesure du possible. Mieux encore, lui qui a toujours négligé la comptabilité de sa paroisse au point même d'avoir déjà vu la totalité de ses meubles et autres effets saisis par ses créanciers, le voilà qui signe personnellement tous les chèques du ministère. Fonctionnaire modèle, au point qu'il ne vient plus à Saint-Jérôme qu'un dimanche sur deux. Cela ne l'empêche nullement de poursuivre son œuvre.

Toujours entouré de cartes, plus discoureur que jamais, il trace des plans et prépare des programmes. Pourtant... que le gouvernement est faible, chétif même. Ottawa, successeur de l'empire britannique, continue de brimer les provinces tant qu'il peut. Maître de la presque totalité des revenus, il va même jusqu'à multiplier les démarches auprès des banquiers pour les dissuader fermement de trop prêter au Québec. Quand Mercier a voulu s'adresser aux financiers de la place de New York, Ottawa y a aussi poussé son offensive pour le discréditer. Ce n'est qu'en organisant, en grand secret, une entente avec le Crédit Lyonnais que l'étau a pu être desserré quelque peu, mais provisoirement. Ce qu'Ottawa n'a pu obtenir de Londres, c'est-à-dire la disparition pure et simple des provinces, il veut l'obtenir par l'asphyxie. Pas de ressources, pas de gouvernement indépendant... Québec n'aura qu'à venir manger dans la main anglo-protestante en faisant toutes les bassesses qu'on lui imposera. Antoine Labelle constate cette désolante réalité et en prend la mesure au premier coup d'œil.

Dans un moment de déprime particulièrement affirmé, il songe même à démissionner de sa cure pour s'attaquer, visière levée, aux ennemis de son peuple et ce, directement sur le terrain électoral. L'ennui, c'est que les ennemis de ses ennemis — ceux donc avec lesquels il devrait s'allier, c'est-à-dire les libéraux — ont déjà réclamé l'annexion du Canada par les États-Unis. Ceux-ci étant tout aussi racistes et assimilateurs qu'Ottawa, la lutte n'offre aucun intérêt réel. Il y renonce. Pas question, pour autant, de se laisser abattre. Son premier ministre est décidé plus que jamais à lancer la construction d'un véritable État national, il faut l'épauler. La lutte contre l'émigration s'impose donc comme la priorité des priorités. Aussi n'a-t-il rien de plus pressé que de s'attaquer au monopole que les marchands de bois — tous des anglo-protestants issus de la conquête — se sont arrogé. Dans le passé, il avait souvent buté contre leurs privilèges, car ils avaient réussi à transformer le gouvernement — et donc toute la puissance publique — en simple agence à distribuer le droit d'exploiter sans frein la totalité du territoire national. Sûrs de leur impunité, grâce à toutes les pattes qu'ils avaient graissées, ils avaient fréquemment osé raser à blanc des concessions accordées à «ses» colons avant que ceux-ci arrivent sur place, les privant ainsi des maigres revenus sur lesquels ils comptaient pour tenir durant les premières années.

Quand il était encore sur le terrain, Antoine Labelle avait longuement pesté contre ces exploiteurs; il avait fulminé plusieurs lettres assassines contre les gouvernants toujours prêts à fermer les yeux sur les exactions imposées à leur peuple. Maintenant qu'il est au pouvoir, il agit rapidement. Jusqu'à lui, la forêt était présumée revenir aux grands marchands de bois à moins de preuve du contraire et l'ensemble de la population n'avait que le reste, c'est-à-dire ce que les barons de la bille n'avaient pas encore réclamé. Antoine Labelle décide de renverser la présomption et de rétablir la démocratie des droits. Il dépose un projet de loi [1] en ce sens. Désormais, tout citoyen pourra demander un lot et même forcer l'agent des terres à le lui concéder. Sur sa terre, le colon aura le droit absolu d'exploiter le bois debout, pourvu qu'il acquitte, envers le gouvernement, les droits de coupe, les mêmes que ceux prévus pour les grandes compagnies. Mieux encore, les droits versés au gouvernement seront déduits du coût d'achat du lot. La volonté de favoriser la colonisation imprègne ce texte de part en part. Autant la législation précédente ne servait que les intérêts des exploiteurs étrangers, et ce, au détriment de la population, autant celle du Curé Labelle entend faire pencher la balance de l'autre côté. Évidemment, la lutte pour la préservation des privilèges et des exactions est une lutte disgracieuse, sans élégance. Le Conseil législatif, chambre haute de l'époque, rempli qu'il est des grands marchands et de leurs affidés, ne laisse rien passer qui puisse jouer en faveur de la population, et donc contre eux. Le marché offert est fort simple : ou bien le projet de loi est adouci ou bien il subira le veto. Pour conserver ce qui peut l'être, le curé Labelle et tout le gouvernement Mercier avec lui se voient contraints de courber

1. 52 Vict. Ch. 15.

l'échine. Mais la leçon a porté. On s'en souviendra plus tard lorsqu'il s'agira à nouveau de desserrer l'emprise des profiteurs. En attendant, puisqu'il faut s'employer plus que jamais à gonfler les effectifs de la population, n'y aurait-il pas lieu de tâter le terrain pour voir si nos bons Canadiens français déjà expatriés ne consentiraient pas à revenir ? Non seulement enrayer l'hémorragie, mais carrément inverser le mouvement. Au cœur de ses autres activités, Antoine Labelle trouve le temps de nommer une commission d'enquête à ce sujet. Commission bien décevante. Tous les rapports disent la même chose : à peu près personne ne reviendra. Les nôtres sont beaucoup trop bien nantis outre 45° pour renoncer à leur situation. Même si le travail est déshumanisant, même si les machines sont dangereuses, voire assassines à l'occasion, les nôtres s'y sentent infiniment mieux qu'au Québec, où ils mouraient de faim sans espoir de s'en sortir. Aux États-Unis, au contraire, les débuts ont beau être pénibles, l'horizon s'ouvre à tous, radieux. Pas la peine de lancer des campagnes de rapatriement, elles échoueront. Mieux vaut encourager les familles nombreuses et tâcher d'attirer de nouveaux immigrants. Message bien reçu.

Les familles nombreuses, le gouvernement peut les aider à bon compte. Un projet de loi est tout de suite rédigé et soumis à l'adoption. Il prévoit que tout père d'une famille de douze enfants vivants reçoit une terre gratuitement. Des gens aussi précieux se doivent d'être soutenus. C'est le *bill* des cent acres[1]. Quant aux

1. Cent acres correspondent à 40,5 hectares. L'impact réel de cette loi n'a pas encore été analysé à fond. Selon certaines sources, jusqu'à mille cinq cents familles s'en seraient prévalues dès la première année.

immigrants, Antoine Labelle y verra aussi personnellement. D'ailleurs, il prévoit séjourner de nouveau en Europe sous peu. En attendant, il met si bien son ministère en ordre que Mercier s'en déclare entièrement satisfait. Quand Antoine Labelle appuyait les conservateurs, il avait reçu quelques horions de son futur premier ministre. Celui-ci était même allé jusqu'à mettre en doute son honnêteté et à le soupçonner de prévarication [1]. Pour faire oublier ces anciennes relations tendues, Mercier veut réparer en faisant une fleur à son curé. Surtout que les anciens alliés de ce dernier demandent maintenant sa peau. Ils déchirent leur chemise en public et réclament rien de moins à Mgr Fabre que de lui interdire la fonction publique, et de lui enjoindre de retourner dans sa paroisse.

Afin de contrer ces grenouillages, Mercier s'adresse lui aussi à l'archevêque [2]. Il lui explique vouloir entreprendre une démarche directe auprès de Rome afin d'obtenir un titre important pour son sous-ministre ; il lui demande son appui en ce sens. Cette lettre pique Mgr Fabre au plus vif. Comment ? On veut s'adresser à Rome par-dessus sa tête ? On veut lui réserver un rôle de faire-valoir ? Et tout cela en faveur d'un curé qui lui cause déjà bien du souci, qui s'éloigne déjà par trop de la vie sacerdotale acceptable ? Pas question ! Réussissant à se maîtriser, Mgr Fabre retrouve suffisamment

---

1. Antoine Labelle avait essayé de lancer une loterie nationale pour aider au financement de la colonisation. Ses revenus se sont avérés lamentables, et la tenue de ses livres plus lamentable encore. D'où les soupçons énoncés publiquement et avec force.
2. Mgr Fabre est devenu archevêque, le premier archevêque de Montréal, en 1886.

d'onctuosité ecclésiastique pour refuser poliment son aide et pour déconseiller la démarche elle-même. Mercier n'en a cure et procède néanmoins. Depuis le règlement de l'«affaire des biens des jésuites», Mercier jouit en effet de ses entrées au Vatican. Il a si bien manœuvré qu'il a réussi à satisfaire la hiérarchie catholique et à clouer le bec des protestants. Ce fut l'objet de son premier projet de loi déposé à titre de premier ministre. Il en recueille les fruits depuis.

Parmi les nombreuses exactions de l'occupant britannique figure l'interdiction des jésuites dans la colonie. En 1800, à la mort du dernier jésuite, les impériaux avaient fait main basse sur tous leurs biens et les avaient affectés au financement du système d'éducation protestant. Revenus au pays en 1842, les jésuites réclamaient depuis justice et restitution. Face à eux, les anglo-protestants jetaient les hauts cris et, en même temps, salivaient déjà en réclamant une nouvelle part du butin. De son côté, le clergé catholique se déchirait au lieu de s'entendre sur le mode de partage. Refusant de se laisser prendre dans cet imbroglio, Mercier s'était rendu à Rome négocier un règlement directement avec le Saint-Siège et la maison-mère de la Compagnie de Jésus. Le Québec acceptait de verser quatre cent mille dollars aux catholiques, selon un mode de distribution arrêté par le pape, et soixante mille dollars aux protestants pour les faire taire. Bref, Mercier est connu à Rome et apprécié. Quand il demande que son sous-ministre, homme d'œuvres et d'action, soit honoré de façon spéciale, il est entendu. Il décroche pour son protégé le titre de «protonotaire apostolique *ad instar*», l'équivalent d'évêque sans diocèse.

La nouvelle parvient à l'archevêque de Montréal le 22 juin 1889[1]. La guerre vient d'être déclarée. Blanc de colère, Mgr Fabre décide de sévir. Il intime au protonotaire qui désormais a, lui aussi, le droit au titre de monseigneur, l'ordre de rentrer immédiatement dans sa paroisse. En même temps, il écrit à Honoré Mercier, le 6 juillet, de se trouver un autre sous-ministre dans les plus brefs délais, c'est-à-dire au plus tard le 15 août. À peine un mois de sursis. Un mois que les deux hommes mettent à profit pour tâcher d'enrayer les débordements épiscopaux. Ils rendent immédiatement visite à Mgr Fabre et lui arrachent un nouveau délai. Mgr Labelle pourra rester en poste jusqu'en janvier 1890. Il avait déjà organisé un voyage en France pour recruter de nouveaux immigrants. Il compte bien que cet éloignement providentiel permettra à son évêque de se calmer un peu et de retrouver ses esprits. Il mise également sur l'habileté et les relations de Mercier pour le prémunir contre les foudres de son supérieur ecclésiastique.

Entre-temps, il faut bien se résigner à prendre quelque peu des allures de monseigneur. Et d'abord, dessiner ses armoiries. Antoine Labelle les veut les plus simples possibles. Il opte pour une gerbe de blé — l'agriculture avant tout — et une devise de même inspiration, *Pater meus agricola*, « Mon père agriculteur ». Pour les vêtements d'apparat, cela devient plus compliqué. Antoine Labelle n'a guère porté autre chose jusqu'ici qu'une vieille soutane râpée dont le noir tourne au vert moisi. Comment se paierait-il les soutanes chics de mise ? Ses amis de la capitale — ministres, députés et

---

1. Même si le bref pontifical de Léon XIII est daté du 3 juillet 1889.

fonctionnaires — s'en chargent. Au cours d'une cérémonie de circonstance, on lui offre tout : la soutane et le ceinturon violet, la bague et la mitre blanche requise pour célébrer la messe pontificale qu'il a désormais le droit de chanter au grand dam de Mgr Fabre, qui le lui interdira presque totalement. Familier comme toujours, Mgr Labelle avoue, tout sourire, qu'il ne se reconnaîtra jamais dans ces beaux vêtements. En tout cas, même si désormais il porte fine soutane et ceinturon violet, il insiste encore sur une chose : que l'on continue à l'appeler Monsieur le curé. C'est la seule récompense à laquelle il aspire.

Là-dessus, le paquebot n'attend pas et Antoine Labelle repart en France reprendre là où il les avait laissées ses conversations avec ses amis et ses entreprises de colonisation. Hélas ! cet éloignement n'apaise en rien la rancœur de Mgr Fabre ! Il est vrai que sur les instances de Mercier, le Cardinal Rampolla, préfet de la propagande, lui a écrit, le 27 novembre 1889, pour lui demander, en termes enrobés mais clairs et fermes, de prolonger le sursis dont bénéficie Mgr Labelle. En termes tout aussi nets, Mgr de Montréal refuse et, dans sa réponse, en profite pour dénigrer son subalterne qu'il accuse de négliger sa paroisse et de se livrer à de la politique partisane.

Apprenant qu'il est toujours l'objet d'une partie de bras de fer malgré son éloignement, Antoine Labelle décide d'expédier rondement sa mission en France et de se rendre en Italie plaider lui-même sa cause auprès du Saint-Siège. Du 23 avril au 19 juin 1890, il hante les officines et les antichambres vaticanes comme il a hanté avec tant de persévérance celles de Québec et d'Ottawa. Sa stratégie d'attaque : montrer que Mgr Fabre non seulement fait acte d'insoumission, mais en plus qu'il affaiblit la position de l'Église en Amérique. Acte d'insoumission, car il n'a jamais accepté sa promotion et lui interdit jusqu'au droit d'exercer les prérogatives qui en découlent. Comment ose-t-il bloquer l'effet d'un titre octroyé par le Pape lui-même ? Affaiblissement de l'Église puisqu'il interdit l'accès à la fonction publique. Or, Antoine Labelle, en occupant le poste de sous-ministre, est la démonstration vivante qu'un ecclésiastique peut — en toute légitimité et compétence — s'occuper du temporel sans déroger. Alors que, dans bien des pays, les prêtres sont tenus pour obscurantistes et ennemis du progrès, voilà un prêtre sous-ministre qui développe le chemin de fer et les routes, suscite l'industrialisation, modernise à tout crin. Le Saint-Siège en voudrait d'autres comme lui et Mgr Fabre persiste à lui barrer le chemin. Va-t-on, à Rome, tolérer encore longtemps de telles incartades ?

Antoine Labelle pense avoir si éloquemment défendu sa cause, avoir si profondément convaincu ses auditeurs, qu'il décide de tenter le tout pour le tout. Il demande carrément que Saint-Jérôme et toutes ses paroisses filles soient détachées de Montréal et érigées en diocèse de plein droit. Il y a bien longtemps que l'idée lui trottait dans la tête. Voilà l'occasion ou jamais de l'exposer pleinement. Dans toute son activité, Antoine Labelle s'est employé essentiellement à deux choses : permettre aux Canadiens français d'occuper l'ensemble de leur territoire national et empêcher les injustifiables empiétements de l'élément anglophone. Or, selon les structures en place, la région de l'Outaouais est partagée entre le diocèse de Montréal et celui d'Ottawa. Celui de Montréal semble bien assuré dans les mains des francophones, aussi loin que l'on regarde dans l'avenir. Ottawa, en revanche, pourrait très rapidement tomber dans les mains des Irlandais... Logiquement, les Irlandais devraient faire cause commune avec les francophones et honnir les Anglais. Au contraire, ils s'allient avec eux contre les Canadiens français. Ottawa contre Montréal : la situation serait trop inconfortable. Si l'on créait le diocèse de Saint-Jérôme, la situation serait changée du tout au tout. À deux contre un, ce serait beaucoup mieux.

Évidemment, ce n'est pas là la démonstration qu'il fait au Saint-Siège. Il ne signale pas non plus que l'acharnement de Mgr Fabre contre lui l'indispose chaque jour davantage. Il fait plutôt voir l'étendue des distances à parcourir, la difficulté pour le pasteur d'un diocèse vaste comme celui de Montréal d'être partout présent, la nécessité de resserrer les rangs... En haut lieu, on l'écoute, mais l'on ne tranche pas. Tout juste de retour chez lui, à Saint-Jérôme, Antoine Labelle apprend que son évêque s'est à son tour rendu à Rome pour salir sa réputation. Car il ne s'agit plus simplement de tolérer un protonotaire honorifique dans son diocèse. Il s'agit surtout de défendre l'intégrité du diocèse lui-même. Mgr Fabre a eu vent de la requête visant l'érection canonique de Saint-Jérôme. Ce geste l'a littéralement mis aux abois. Il n'a pas complété la cathédrale de Montréal et il peine à payer les factures. Les créanciers le cherchent partout. Pour gagner un peu de temps et s'assurer un court répit, il en a même été réduit à faire main basse sur les maigres recettes de la Société de colonisation du diocèse de Montréal, qu'Antoine Labelle avait créée en 1879. C'était ou détourner les deux mille sept cents dollars de la caisse ou se priver du portique. Il n'a pas vraiment hésité longtemps... Si en plus on lui retranche des paroisses — et donc des paroissiens cotisables — il ne s'en tirera jamais. Il faut coûte que coûte faire dérailler le projet. Et si, pour y arriver, il faut démolir la réputation de ce fatigant de Labelle, de cet empêcheur de danser en rond, eh bien, soit! Mgr Fabre s'en donne avec délices l'absolution d'avance.

Bref, la situation ne cesse de se détériorer. Les bureaux de Rome, Mgr Fabre, Antoine Labelle et ses affidés se mitraillent de lettres et contre-lettres, directives et contre-directives. À la fin, l'homme fort de Saint-Jérôme se trouve emmêlé dans une nasse d'ordres contradictoires qui le forcent à choisir entre les sentences du Pape et celles de son évêque. Cet acharnement le brise, d'autant plus que, le 23 décembre, il reçoit le coup de grâce: Rome le lâche et lui refuse son diocèse. Il décide alors de jeter la serviette et de remettre sa démission, car le cœur n'y est vraiment plus. Pourtant, que l'œuvre était belle... Il le rappelle dans sa lettre de départ. En quelques années à peine, il a réussi à organiser solidement le ministère, à rééquilibrer les lois des terres de la couronne et donc à desserrer l'emprise asphyxiante des compagnies forestières, à majorer les subsides aux colons et à faire adopter la loi en faveur des familles nombreuses, à prolonger les chemins de fer, à répandre instruction et formation technique dans les campagnes, à créer le Mérite agricole, à donner un nouvel élan à l'agriculture, à faire connaître le Québec à l'étranger, à promouvoir l'immigration et à relever la cote de crédit du gouvernement sur les marchés financiers. Toutes ces réalisations, Mercier les connaît et les apprécie déjà. Comment accepterait-il le départ d'un collaborateur aussi efficace? Démission refusée. Mercier tient à son sous-ministre et veut le garder auprès de lui pour terminer la politique engagée.

9

Désillusions (1891)

C'est un Antoine Labelle déçu, presque amer qui revient à Québec. Le coup a été plus rude qu'il ne l'avait cru lui-même. Car il comprend fort bien — dans sa chair pour ainsi dire — que ce n'est pas une simple et vaine gloriole hiérarchique que l'on vient de lui refuser en lui refusant le diocèse, c'est la base même de toute son action colonisatrice que l'on vient de saper, d'anéantir. L'ensemble de ses efforts, de ses démarches, de ses querelles, de ses colères et emportements risque de tomber à la trappe de l'histoire puisqu'on lui dénie l'assise institutionnelle seule capable de la prolonger, de l'installer dans la durée. Il n'a pas réussi à convaincre le Saint-Siège et il ne jouira

Le personnel du ministère de l'Agriculture et de la Colonisation, septembre 1889.
Assis, au centre, le premier ministre de la province de Québec,
Honoré Mercier, à droite, le curé Labelle.

pas de sa pleine autonomie : Saint-Jérôme ne sera pas
un évêché, lui-même ne sera pas évêque, et tous deux
continueront de subir la férule de l'archevêque de
Montréal. Mgr Fabre s'en félicite intérieurement sans
rien y laisser paraître. Mais pour Antoine Labelle, voilà
une défaite qui passe mal.

De plus, son association avec le premier ministre
Mercier contrarie de plus en plus la hiérarchie mont-
réalaise. Même s'il a repris sa démission, il sait bien
que ce n'est que partie remise avant que ses démêlés
renaissent, sans doute avec plus de vigueur encore.
Ceci sans compter sa santé délabrée. Il s'est bien laissé
aller. Les médecins l'avaient prévenu pourtant : avec
son appétit et ses abus de table presque perpétuels, il
fallait s'attendre à des ennuis du côté des organes. Ce
qui d'ailleurs n'avait pas manqué, puisqu'il devait
endurer depuis longtemps une hernie abdominale. Il
avait pu se soulager quelque peu en se bandant solidement le ventre pour contenir ses débordements
entériques, mais à la longue même ces soins élémen-
taires en étaient venus à lui peser et ils les avait peu à
peu abandonnés. Or, en cette fin d'année 1890, il sent
encore plus que d'habitude le prix à payer pour cette
négligence. Le moral n'est pas le seul atteint, le corps
aussi. C'est à un point tel qu'il prend le lit, chez les
demoiselles Flanagan où il habite lorsqu'il se trouve
dans la capitale, et fait même appeler de toute urgence
Isidore Martin, son guide et confident. L'heure est
grave. Tellement que, le vendredi 2 janvier 1891, les
médecins sont appelés en consultation. Il n'en peut
plus. Ne pourrait-on pas opérer son hernie ? Le
docteur Auguste Hamel, après avoir conféré avec ses

collègues, penche pour l'opération immédiate, dès cet après-midi. Le patient est tout de suite chloroformé, ce qui, vu sa taille, requiert des quantités plus qu'appréciables de soporifique. On lui administre doses sur doses. Malgré tout, Antoine Labelle ne sombre pas tout de suite dans la léthargie. Il délire plutôt. Et bruyamment. Il passe en revue — à haute voix — l'ensemble de sa carrière : ses pensées les plus intimes, ses vues sur la religion, ses combats pour le train et la colonisation, son amour pour Saint-Jérôme... tout y figure. Puis, c'est la perte de conscience.

L'opération dure une heure et demie. Le chirurgien ouvre, coupe, pare, recoud... et s'en remet à la chance. Car, il a tout de suite vu que la gangrène a déjà commencé à attaquer les parties affectées. Néanmoins, l'anesthésique ayant épuisé ses effets, le curé Labelle reprend ses esprits et se met à partager les espoirs de ses médecins. Il retrouve même quelques instants de gaieté, mais celle-ci ne dure guère, car le mal se réinstalle presque tout de suite. Vers 18 heures, le patient se remet à faiblir rapidement. Une deuxième opération est décidée sur-le-champ. Pour le préparer, on recourt à des injections. À la seconde, une réaction violente et de très mauvais augure se produit. Son corps se couvre de taches noirâtres puis dégage une forte et désagréable odeur. Les médecins voient immédiatement le caractère inéluctable de la situation et diagnostiquent un empoisonnement du sang contre lequel ils ne pourront rien. Piteusement, ils en informent leur patient. Stoïque jusqu'à la fin, l'agonisant n'exprime qu'un seul regret, celui de mourir loin de Saint-Jérôme et surtout loin de sa pauvre «Mouman» qui, à quatre-vingt-deux ans, se trouve subitement sans soutien. Mais cela n'entame en rien sa bonne humeur coutumière, et ce n'est pas à l'article de la mort qu'il changera ses habitudes. Pendant que ses intimes prient pour le salut de son âme, le médecin vient lui dire que la fin est proche. Alors, au lieu d'aller chercher au plus profond de lui-même ses dernières ressources d'énergie et de courage, il préfère crier à ceux qui s'abîment dans la prière : « Plus vite ! Marche ! Marche ! » Son impatience légendaire tient jusqu'au bout. Son humour aussi. Un vieux missionnaire qu'il avait connu dans le temps, le père Mouvet, s'approche de lui, pendant la nuit, pour lui communiquer sa désolation et le soutenir moralement. « Monseigneur, lui dit-il, vous avez choisi un beau jour pour mourir ; on célèbre aujourd'hui le martyre de Saint-Laurent. » Antoine Labelle ne bronche pas. Mais le père Mouvet se rend compte qu'il s'est trompé : « Nous sommes à dimanche… c'est plutôt l'octave des Saints Innocents ». Cette fois, Antoine Labelle se met à rire et répond : « En ce cas-là, j'aimerais mieux attendre à demain… » Il a le rire tellement communicatif que l'hilarité gagne la plupart des personnes présentes. Hélas, cette gaieté ne dure pas. En pleine joyeuseté, le curé Labelle, le Roi du Nord, l'apôtre de la colonisation vient de s'éteindre, ce dimanche 4 janvier 1891, un peu avant 3 heures du matin.

La nouvelle éclate sans ménagement dans les journaux du lundi, déclenchant des vagues d'incrédulité et de désolation. On s'affaire quand même à ramener la dépouille à Saint-Jérôme, selon les dernières volontés du défunt. Mais ce départ ne se fera pas tout de suite. Le cardinal Taschereau insiste : il chantera une messe funèbre dans la basilique de Québec. D'ailleurs, une délégation est accourue de Saint-Jérôme pour participer à ce voyage ultime. Elle pourra faire nombre. La foule est cependant si dense que le convoi en est retardé et, après le service, ce n'est que midi approchant qu'il peut enfin arriver à la gare du Palais. Dans le train se pressent Honoré Mercier, ses ministres, une ribambelle d'élus ainsi que les fonctionnaires du ministère de l'Agriculture, ce ministère que le curé avait réussi à rendre efficace, car appuyé par une volonté politique enfin trouvée et affirmée. Toujours à la recherche de visibilité, le chef du Parti libéral fédéral Wilfrid Laurier s'est également glissé dans le véhicule. Il faudra plus de huit heures pour arriver à Saint-Jérôme tant les gares le long du chemin sont bondées de simples gens émus massés sur les rails pour signaler une dernière fois leur attachement. Dans la paroisse, entre-temps, la décision a été prise de faire les choses en grand. Dès l'arrivée en gare, la dépouille mortelle est placée dans un corbillard immense et tout empanaché que tirent quatre magnifiques chevaux noirs. Et tandis que les cloches de l'église expriment la tristesse de chacun, le convoi se dirige vers le presbytère où le curé sera exposé en chapelle ardente jusqu'au mercredi afin que tous ses amis et obligés puissent venir lui rendre un dernier hommage. On l'a revêtu de ses vêtements de prélat romain et placé en position surélevée au centre de la grande salle où draps et crêpes noirs disputent l'attention aux fleurs et aux chandelles innombrables. Ce n'est pas un simple curé que l'on s'apprête à enterrer, c'est un héros national, le prophète de la prise de possession, de l'implantation et de l'enracinement, le visionnaire de l'Amérique que les Canadiens français auraient pu prendre à bras-le-corps. Toutes les campagnes des environs se vident tour à tour pour venir participer à cette concélébration vraiment populaire et spontanée. L'église, de son côté, est parée encore plus richement. La chaire et la stalle de Mgr Labelle sont couvertes de deuil, à l'européenne. Le noir, le doré et le violet s'entrecroisent dans la nef ainsi qu'au fond du sanctuaire et se répondent pour signifier avec ampleur et munificence la désolation sincèrement ressentie.

Le mercredi 7 janvier, en fin d'après-midi, deux longues haies de citoyens attristés se forment entre le presbytère et l'église tandis que les dix porteurs, honorés de leur rôle, prennent le cercueil sur leurs épaules pour le mener près du catafalque en prévision des obsèques du lendemain. Ce jeudi 8 janvier, Saint-Jérôme vit une agitation qu'elle n'a jamais connue jusqu'à ce jour. Non seulement les paroisses voisines sont-elles venues en masse, mais une délégation est également arrivée de Montréal. Un train spécial de treize wagons a été rapidement assemblé pour amener les mille deux cents personnes décidées à faire le voyage. L'église ne peut évidemment contenir tout cet afflux. Les autorités municipales ont beau faire appel au civisme de leurs citoyens et leur demander de laisser leurs places aux visiteurs, ceux-ci ne peuvent quand même pas tous pénétrer à l'intérieur. Près de dix mille personnes se sont en effet mobilisées pour la circonstance. C'est l'évêque d'Ottawa qui dit la messe.

Mgr Fabre, qui n'aura pas à se demander s'il refuse ce dernier service, est en effet à Rome et ne peut officier. On en profite pour lui désobéir quelque peu tout en faisant mine de n'y pas toucher. Perpétuellement jaloux de la gloire d'autrui, Mgr Fabre a toujours interdit qu'on prononce le moindre éloge funèbre aux obsèques de qui que ce soit dans son diocèse. Mais voilà... Pour l'occasion, il est absent, donc il a tort. L'abbé Proulx, le bras droit qui a partagé tant d'aventures, tant d'initiatives et tant d'enthousiasmes avec le défunt, ne peut s'empêcher de monter en chaire malgré toutes les défenses. Devenu vice-recteur de l'Université Laval à Montréal, il se sent muni d'un parapluie suffisant pour affronter l'éventuel orage. Quoi qu'il en soit, il ne veut pas quitter son ami et complice sans marquer le coup. Sous couvert d'inviter les fidèles à une prière ultime, il évoque suffisamment tous les mérites du curé pour leur donner l'éclat aveuglant tant craint par l'archevêque métropolitain. Puis, le service achevé, le cortège se forme pour aller au cimetière. Pour l'occasion, un corbillard particulièrement somptueux a été dépêché spécialement de Montréal. Six chars allégoriques l'accompagnent, où sont exposés les insignes sacerdotaux du défunt. Comme pour les corvées du bois, le convoi serpente au travers de la ville pour s'assurer que tous aient la possibilité de voir une dernière fois le pasteur décédé. Pour amplifier le caractère solennel de la cérémonie, seize porteurs ont été désignés : huit ecclésiastiques et huit laïcs, pour bien souligner les deux pôles de l'activité infatigable du curé. Tous se rendent au nouveau cimetière, ce cimetière qu'Antoine Labelle venait tout juste de créer, sa dernière fierté et l'un des plus durables monuments à sa gloire. Et c'est dans un humble coin de ce lieu des défunts, alors que la neige continue de s'accumuler, que les restes d'Antoine Labelle sont déposés. À Saint-Jérôme, dans toutes les paroisses de colonisation du Nord, dans l'ensemble du Québec, une seule voix lance la même salutation : « Adieu, Monsieur le curé. »

Son décès suscite une immense émotion. À Montréal, à Québec, à Paris, à Rome, ailleurs encore, les journaux s'empressent de publier son panégyrique, soulignant ses mérites, les grands services qu'il a rendus à son peuple et saluant en lui le patriote. Même la vénérable Alliance française a tenu, de Paris, à se joindre à ce concert d'éloges, le curé décédé y ayant déjà prononcé quelques conférences fort remarquées. Le tout est finalement amplifié par le premier ministre québécois lui-même. Se trouvant à Paris, le printemps suivant, Honoré Mercier fait chanter un *Requiem* en l'honneur de son sous-ministre dans la magnifique église Sainte-Clotilde. Secondé en cette affaire par un Hector Fabre très bien disposé, Mercier a pu réunir là, le 17 juin 1891, le tout-Paris. Son éloge, bref, est bien senti : « Mgr Labelle a fait chez nous plus de bien en un quart de siècle que les plus célèbres conquérants avec toutes leurs victoires. Au lieu de détruire, il construisait... »

Mᵍʳ Ignace Bourget, évêque de Montréal, 1840-1876.

Mᵍʳ Édouard-Charles Fabre, évêque de Montréal, 1876-1886, et archevêque de Montréal, 1886-1896.

Honoré Mercier, premier ministre libéral de la province de Québec de 1887 à 1891.

Épilogue

Il n'y a pas pire bourreau que celui qui s'acharne sur sa victime, surtout après la mort de celle-ci. Non content d'avoir miné la réputation du curé Labelle, de l'avoir calomnié jusque dans les coulisses du Vatican, de l'avoir privé de son diocèse et donc des moyens de réaliser jusqu'au bout sa mission, Mgr Fabre s'acharne encore et toujours. La gloire du protonotaire apostolique lui est devenue insupportable.

Il interdit tout net que l'on érige une statue à sa victime. Bien plus, il nomme à Saint-Jérôme le curé Lafortune, un curé anodin choisi spécialement pour qu'il ne poursuive pas l'œuvre de son illustre prédécesseur et qu'il se montre même sourcilleux à sa simple évocation. Le comité du monument, né spontanément de l'émotion suscitée par la mort de «l'Apôtre du Nord», meurt lui aussi très rapidement, tué dans l'œuf. Il faudra encore trois autres tentatives avant que le projet aboutisse. En 1891 et en 1897, le curé Lafortune ne figure même pas parmi les promoteurs. L'année 1908 a connu quelques velléités, mais il faut attendre 1924... un tiers de siècle après sa disparition, pour qu'Antoine Labelle soit enfin honoré d'un monument.

La prospérité engendrée par le Première Guerre mondiale y est peut-être pour quelque chose. Quoi qu'il en soit, la ville de Saint-Jérôme débloque un montant de cinq mille dollars à cet effet en 1923. Québec y ajoute trois mille dollars, tout comme le comté de Terrebonne. La paroisse y va, pour sa part, d'une contribution de mille dollars. Même le Canadien Pacifique, qui a bien profité des campagnes de promotion du curé, met la main à la poche. En tout, dix-sept mille dollars sont souscrits. Assez pour intéresser un artiste. Alfred Laliberté, l'un de nos plus grands sculpteurs, propose une maquette où le curé-orateur en pleine péroraison s'adressera pour l'éternité aux foules de l'avenir en leur montrant la Voie du Nord. Sous lui, un colon en route vers sa terre, la hache sur l'épaule et l'enthousiasme au visage, attestera la justesse des vues labelliennes. Le tout reposera sur un piédestal de huit mètres de haut portant deux bas-reliefs, l'un figurant le colon en pleine récolte, la faucille à la main, et l'autre sa femme, solide et apte à le seconder efficacement.

Laliberté emporte la commande et se met immédiatement à l'œuvre. Le 20 octobre 1924, tout est prêt. Le site a été choisi de longue main : exactement là où se dressaient jadis l'église et le presbytère du curé. L'endroit a été transformé en parc — le parc Antoine-Labelle, cela va de soi. Posé sur un socle de granite de Stanstead, Antoine Labelle, encore plus géant que nature, domine tous les alentours et son regard de bronze scrute inlassablement le dénivelé de sa chère rivière du Nord. En ce froid après-midi d'automne, plusieurs milliers de personnes se sont massées tout autour pour assister au dévoilement de la statue — à la fois instrument du souvenir et chef-d'œuvre de l'art monumental québécois. Délicate attention, c'est à Isidore Martin — «Isidore au curé» — que l'on a réservé l'honneur de dévoiler le tout et de présider cette cérémonie d'inauguration, cérémonie bien faite pour marquer combien la population a conservé intacte la gratitude qu'elle réserve au grand colonisateur.

Il l'aura donc eue sa statue, finalement. Mais pour qui l'a-t-on véritablement érigée? Qui honore-t-on au juste? Il est frappant de noter que plus d'un siècle après son décès, Antoine Labelle — ou du moins son héritage — continue d'être réévalué, réanalysé, soupesé, signe que son action n'est pas morte. Souvent, l'accession à la renommée posthume signale la fin du dossier: les honneurs rivent fréquemment le cercueil une bonne fois pour toutes. Pourtant, le bronze de Laliberté n'a pas encore tué le Curé et l'on continue encore à s'empoigner verbalement sur le sens de la mission qu'il s'était réservée. Pour certains, Antoine Labelle a été un illuminé — fatigant pour tous — qui a envoyé des contingents de pauvres gens s'installer en pure perte sur des terres stériles. Pour d'autres, ce fut un membre du clergé qui a réussi à semer quelques douzaines de paroisses dans un territoire somme toute exigu. D'autres encore cherchent par tous les moyens à rapetisser son legs. Tous ceux-là n'ont manifestement rien compris à l'œuvre du géant.

D'abord et avant tout, ce qu'Antoine Labelle a entrepris, c'est d'amener les francophones du Québec à la conscience du territoire. Éternellement cantonné dans les limites resserrées de ses terres ancestrales, le Canadien français imaginait toutes sortes de barrières l'empêchant d'en sortir. Antoine Labelle le secoue et lui dit: «Mais enfin, regarde donc où tu vis!» C'est vrai, le Saint-Laurent est magnifique, admirable, un véritable don de la Providence. Abondant et prévisible, c'est une voie de communication à nulle autre pareille. Mais... il n'est pas le seul. Sa rive gauche reçoit trois affluents majeurs qui constituent autant de voies de pénétration irremplaçables. Le Saguenay, le Saint-Maurice et l'Outaouais ouvrent vers l'intérieur des possibilités qu'il s'agit de saisir et d'exploiter. Les ancêtres le faisaient. Pourquoi y renoncer? Ce serait d'autant plus désolant que, la ligne de partage des eaux aidant, ces cours d'eau prennent leur source presque au même endroit. Ils communiquent en haut et en bas — à la source et à l'embouchure. Un tel trésor ne peut pas et ne doit pas être laissé en friche. L'éveil au territoire a sous-tendu toute son action. D'autant plus que ce territoire, tel que défini par l'envahisseur, ne lui suffit pas. Le Québec d'alors, par exemple, n'a guère plus de superficie que la France. Or, manifestement, la nature a fait un Québec beaucoup plus vaste, qui se rend à la baie de James, à la mer d'Hudson et même jusqu'à la baie d'Ungava, jusqu'à la pointe extrême des monts Torngats. Il faut absolument se rendre tout là-haut et «s'emparer du sol», selon son expression favorite. Lorsqu'en 1912 le Québec récupérera le Nouveau-Québec et ses huit cent cinquante mille kilomètres carrés, il pourra compter le curé Labelle, mort à peine vingt ans plus tôt, parmi les inspirateurs du geste.

Et bien sûr, il a aussi agi beaucoup plus localement. Dès le départ, il a pleinement conscience du pouvoir infini exercé sur le peuple par la simple force d'inertie. Il ne suffit pas de bien concevoir le problème et d'entrevoir sa solution ; il faut aussi savoir communiquer ses certitudes. Or, la pâte populaire lève difficilement. Il lui faut un puissant levain, un levain qui peut à l'occasion, et par nécessité, prendre l'allure d'une ruse frisant la fraude. Ainsi, quand l'ardeur colonisatrice fait mine de se refroidir, Antoine Labelle veille à réamorcer le tout et il n'hésite pas à lancer des rumeurs pour accélérer le mouvement. Maître de la chaire, non seulement à Saint-Jérôme, mais aussi dans les paroisses laurentidiennes naissantes, il laisse courir le bruit — à Sainte-Agathe par exemple — que les gens de Saint-Jérôme, fins connaisseurs comme chacun sait, s'apprêtent à acheter massivement des lots dans les cantons voisins. Cette rumeur — venant d'une source aussi autorisée — se répand comme une traînée de poudre et provoque de puissants effets. Les gens de Sainte-Agathe, ne voulant pas se laisser doubler par les *gens-d'en-bas*, se ruent sur lesdits lots. Mais à Saint-Jérôme aussi le bruit court. On ignorait tout de cette intention de rafler tous les lots disponibles, mais si la rumeur court, c'est qu'elle doit être vraie. Ce ne peut signifier qu'une chose : le voisin, qui semble parfaitement innocent, prépare en fait — et dans la plus grande discrétion — un *coup* foncier fumant. Pour ne pas être le dindon de la farce, il ne reste qu'une chose à faire : acheter à son tour tout ce qu'on peut et le plus rapidement possible. Bref, les citoyens de Saint-Jérôme, qui ne lorgnaient plus vraiment vers le Nord, se trouvent pour ainsi dire contraints eux aussi d'investir dans l'immobilier. Le curé Labelle réussit donc à placer encore de nouveaux lots, la colonisation reprend du tonus et le territoire s'élargit encore.

Toutefois, son inspiration déborde largement ce cadre. Curé de petites paroisses, Antoine Labelle n'a pas l'esprit de clocher. Au contraire, il raisonne à l'échelle continentale. Aiguillonné par son ami Rameau, il embrasse l'ensemble de l'Amérique du Nord. Bien occuper et développer le Québec, cela va de soi, mais les ancêtres ont découvert, parcouru, nommé l'ensemble de cette Amérique. Il ne faut surtout pas l'oublier. Les vicissitudes de la guerre, en 1760, ont imposé une pause à cette épopée. Faut-il se résigner à l'éternité de cet obstacle ? Pas du tout ! L'Amérique appartient d'abord aux Canadiens français ! Il faut qu'ils récupèrent leur bien. D'où ses campagnes inlassables pour peupler non seulement les Laurentides et le Haut-Outaouais, mais aussi tout le Nord-Ouest, ce territoire doublement approprié : une première fois par les explorateurs de la Nouvelle-France, et une deuxième par ceux de la compagnie du Nord-Ouest, si justement nommée. En lançant ses troupes dans le Nord-Ouest rêvé, c'est toute cette épopée qu'il veut préserver, consolider, relancer.

Et le chemin de fer qu'il réclame jour et nuit pour joindre le Témiscamingue au Pacifique en passant par le nord du Népigon et le Manitoba sera finalement construit. On l'appelle le Canadien Pacifique. Rêveur donc, mais avec les deux pieds solidement ancrés dans le sol. Et, quoique sensible à la phrase bien tournée de même qu'à la justesse du mot longuement cherché, ce n'est pas un littéraire qui réfléchit ainsi, mais un technicien, un géo-politologue, un stratège. Loin des petits tacticiens d'arrière-boutique, il incarne cette idée éminemment moderne que les peuples doivent prendre en main leur propre devenir, s'affranchir des envahisseurs et s'assurer un territoire à leur convenance. Mais cela ne se fait pas seulement avec des mots ; cela réussit surtout grâce au savoir, à la formation, à la compétence. D'où son insistance, dès Saint-Jérôme, pour créer des écoles où l'on dispense un savoir technique, appliqué, concret, utile. Quand il s'agit d'ouvrir un pays, de tracer des routes, d'installer des voies ferrées, de construire des ponts, on ne peut pas s'en tirer avec de belles paroles. Il faut concevoir, calculer, exécuter. La faconde et la belle phrase n'y suffisent pas.

Antoine Labelle l'a compris depuis longtemps. Il a aussi compris rapidement que l'intérêt de son peuple heurterait les intérêts de tous les exploiteurs, les compagnies forestières au premier chef. Très tôt, il s'est cherché des alliés pour contrer ces gêneurs. La force de persuasion d'Arthur Buies l'a bien servi à cet égard, mais il n'a pas fréquenté les politiciens pour rien non plus... Appuyer Chapleau, puis Mercier, attaquer Cartier le corrompu, n'est pas entièrement innocent. Il faut savoir choisir ses associés, même les plus paradoxaux en apparence. Et les paradoxes n'ont pas manqué : Buies est agnostique, Wyse franc-maçon et même des anglo-saxons protestants ont figuré dans son entourage. Pour ce grand meneur d'hommes, il ne faut pas trop s'arrêter aux étiquettes lorsque l'objectif est en vue et que tous y tendent ou peuvent, du moins, aider à l'atteindre. Antoine Labelle, apôtre donc du droit des peuples non seulement à exister, mais aussi à marquer de leur existence et de leur histoire un territoire déterminé.

Là ne s'achève pourtant pas son œuvre. Digne disciple du Nicolas de ses années de formation, Antoine Labelle est également devenu un enthousiaste de la science. De nos jours, le citoyen se montre infiniment plus sceptique. Il a appris, souvent à ses dépens, que chaque avancée technique marquante s'accompagne la plupart du temps d'effets secondaires indésirables, sinon franchement néfastes.

Au temps d'Antoine Labelle, en revanche, la science n'est pas encore devenue suspecte et elle seule, alliée à la technique, semble porteuse de progrès. Alors qu'en général le clergé catholique demeure frileux devant la science ou la refuse carrément — surtout celle qui fait descendre l'homme du singe et celle qui nous présente un monde existant tout seul sans l'aide d'un dieu personnel — le curé, lui, s'en fait l'ardent propagandiste. La technique l'intéresse encore plus. L'agriculture, c'est bien joli, surtout si elle contribue à fixer la population au sol et la détourne de l'émigration, mais il lui semble que l'avenir ne réside pas là. Au contraire, la vocation du territoire canadien-français, c'est de se couvrir d'usines et d'entreprises diverses exploitant à la fois la célèbre inventivité du peuple et les ressources naturelles dispensées à profusion.

Pour Antoine Labelle, une chute, ou encore des rapides particulièrement vigoureux, ne sont pas d'abord des sujets de poèmes ; au contraire, il y voit, en imagination, les usines qui pourraient s'installer à proximité pour en tirer parti. Il sait aussi utiliser les plus récentes techniques géographiques pour mieux comprendre son «domaine». Par exemple, il compare l'élévation du Plateau Mont-Royal avec celle des hauteurs de Saint-Jérôme. Sa paroisse, estime-t-il, se trouve tout juste à seize pieds plus haut que le Mile End de Montréal. Et les pieds dont il parle ici ne sont pas des mesures poétiques, mais des pieds linéaires. Pas de quoi s'inquiéter pour la température ou la durée de la végétation par exemple, mais indication, principalement, que tout peut se mesurer exactement et donc s'évaluer froidement selon ses mérites réels.

Antoine Labelle sait en outre que l'homme des villes s'ennuie des champs. Ce n'est pas intuition de poète, c'est constatation sociologique de ce qui se passe à Montréal, à New York, à Paris, à Rome. Le béton, le bitume, l'acier, tout efficaces qu'ils soient, ne satisfont pas le besoin de contempler la verdure d'une plaine ou la splendeur d'une éclaircie en pleine forêt. Les sacrifices imposés par la vie de bureau ou d'usine demandent compensation. Cette poussée était bien sensible et aurait pu être relevée par n'importe qui. Il a fallu Antoine Labelle pour la percevoir et la synthétiser en une phrase: «Les Laurentides seront la Suisse du Canada.»

Et toute cette œuvre assurée par un être à l'obésité aussi célèbre que son altruisme, aussi célèbre aussi que ses nombreux tics et surtout que sa pipe. Toutes ses conversations étaient ponctuées, soulignées, interrompues, rythmées, relancées par le jeu permanent du curé avec sa pipe, pipe en plâtre bon marché qui ne le quittait jamais. Quelle que fût l'heure ou la circonstance ou la qualité de l'assistance, Antoine Labelle était toujours en train de bourrer sa pipe ou d'en tirer d'impressionnantes volutes après s'être enflammé une allumette sur une fesse. En cas de tension ou lors de ses fameuses colères, la pipe demeurait un personnage central de la scène et il arrivait qu'en serrant les mâchoires de rage, le curé l'écrase pour de bon entre ses dents. Sinon, il la lançait de dépit, l'envoyant exploser en menus morceaux dans toute la pièce.

Avec cela, un cœur d'or. Un ami s'était mis en tête de lui offrir une soutane neuve, celle qu'il portait ayant depuis longtemps dépassé sa période de vie utile. Après force marques de gratitude, Antoine Labelle accepte l'argent et s'empresse de le remettre à une pauvresse dans le besoin. Il a fallu que l'ami achète lui-même la soutane pour régler la question.

Cœur d'or, et véritable compréhension des besoins d'autrui. Sa large vision des choses ne le rendait pas insensible aux détails des difficultés quotidiennes. Par exemple, il avait bien prévenu ses ouailles que la colonisation, ce n'était pas pour tout le monde et qu'il y fallait des qualités précises. Quand, malgré tout, il se présentait des gens inaptes, il ne les repoussait pas, mais tâchait plutôt de leur trouver des positions lucratives en usine ou dans un bureau. De là ses campagnes auprès des industriels pour les attirer chez lui. Compréhension de ses colons aussi. Lors de ses tournées, il n'apportait pas seulement la parole de son Dieu; il apportait également des engrais et des leçons pêchées auprès des agronomes les plus autorisés. Malgré tout, certains de ses colons ont éprouvé des difficultés inattendues. Le sol de la forêt — qui à première vue semblait d'une fertilité sans égale — perdait quelquefois toutes ses qualités d'un coup une fois converti à l'agriculture. Pour ces malchanceux, Antoine Labelle ne se contentait pas de verser dans la commisération. Il leur conseillait plutôt de se tourner vers l'élevage, l'industrie laitière valant largement la maraîchère et la céréalière.

∽

Alors ? A-t-il réussi ? Pour ce qui est de son programme, il ne l'a évidemment pas mis en œuvre totalement. Son chemin de fer s'arrêtait encore à Saint-Jérôme lors de son décès. Il n'arrivera à Sainte-Agathe qu'en juillet 1892 et à Labelle en octobre 1893. Mont-Laurier... ce sera pour plus tard encore. Le Canadien Pacifique aussi a connu le véritable succès après sa mort. Impossible, néanmoins, d'enlever à Antoine Labelle son caractère de précurseur. Il n'a bien sûr pas été le seul promoteur de tous ces ouvrages, mais il en a été sans conteste le plus ardent prophète. Même constat pour le réseau routier québécois, lequel était d'une maigreur effrayante et dont les insuffisances criantes ont été dénoncées sans relâche. Et la colonisation ? Ce sont, au bas mot, cinq mille familles — et sans doute plus — qu'il a contribué à fixer dans les Laurentides, dans la vingtaine de paroisses qu'il a semées entre 1872 et 1888. Cinq mille familles qui autrement auraient émigré aux États-Unis ou végété dans les villes, condamnées au chômage et à la mendicité dans une période économique et sociale qui laisse volontiers en route les retardataires, surtout s'ils sont franco-catholiques. Cinq mille familles qu'il a établies d'abord et surtout aux avant-postes, dans les cantons les plus à risque de basculer du côté anglo-protestant et ontarien. En 1891, tous les cantons du sud-ouest québécois étaient devenus majoritairement francophones et à l'abri des empiétements... Le nord de l'Ontario et le Manitoba sont également reliés au Témiscamingue par une longue chaîne d'agglomérations francophones subsistant contre vents et marées. Ces villages ont survécu aux persécutions pour arriver jusqu'à nous, survécu au règlement 17 ontarien qui interdisait l'enseignement en français et qui dépêchait la police pour le faire respecter, survécu au Manitoba capable de violer sa propre constitution pour se débarrasser au plus vite du fait français, survécu au gouvernement fédéral toujours prêt à voler au secours des Anglo-Québécois dominants et tout aussi insensible à toutes les exactions exercées contre les Canadiens français.

Bref, Antoine Labelle — de concert avec Rameau, Reclus, Wyse, et avec tous ses alliés d'ici — a semé les germes d'une population distincte, revigorée, capable de résister aux vents mauvais de l'histoire et capable de prévaloir. C'est ce personnage riche et complexe qu'honore la statue : le visionnaire menant la charge pour occuper un continent entier et bloquer la marche de l'envahisseur britannique ; le promoteur de la science et donc de la formation poussée ; l'ingénieur social capable de manipuler la rumeur (la publicité, dirait-on de nos jours) pour guider vers le bien public. Statue amplement méritée. Statue également relayée ailleurs par des noms donnés à la géographie. Un canton, une circonscription électorale et une municipalité des Laurentides ont été baptisés «Labelle». Des parcs industriels aussi; à Montréal et à Sainte-Thérèse. Et on ne compte plus les boulevards du Curé-Labelle, dont celui de Laval bien sûr, mais aussi l'avenue du Curé-Labelle à Alma et les innombrables rues Labelle et Curé-Labelle. Antoine Labelle continue de couvrir le territoire. Ce n'est que justice.

Mgr Antoine Labelle, protonotaire apostolique, sous-commissaire du département de l'Agriculture et de la Colonisation et curé de Saint-Jérôme.

Chronologie
Antoine Labelle
(1838-1891)

Établie par Michèle Vanasse

ANTOINE LABELLE ET SON MILIEU	LE MONDE
1791 L'Acte constitutionnel divise la «Province of Quebec» en deux: d'une part, le Bas-Canada (Québec) et, d'autre part, le Haut-Canada (Ontario). Chaque Chambre d'assemblée possède le pouvoir d'adopter des lois, mais le Conseil exécutif, nommé par le roi, n'est pas responsable devant les députés.	
1803 Louis Cossette ouvre la Mauricie au peuplement.	**1803** États-Unis: le président Thomas Jefferson achète la Louisiane à la France.
1825 Charles Héon réalise la première trouée dans les Bois-Francs.	

ANTOINE LABELLE ET SON MILIEU

1833
Naissance à Sainte-Rose, le 24 novembre, de François-Xavier-Antoine Labelle, fils d'Antoine Labelle, cordonnier, et d'Angélique Maher.

1834
Bas-Canada : les demandes de l'Assemblée sont groupées en 92 Résolutions. En tant que majorité, le Parti patriote de Louis-Joseph Papineau demande la responsabilité de l'exécutif, l'éligibilité des conseillers législatifs et le contrôle du revenu par la législature. Le Parti patriote remporte les élections.

Ludger Duvernay fonde la Société Saint-Jean-Baptiste.

1835
Le comte de Gosford devient gouverneur du Bas-Canada.

1836
Mgr Jean-Jacques Lartigue devient le premier évêque de Montréal.

Inauguration du premier chemin de fer canadien qui va de Saint-Jean à Laprairie.

1837
Rébellion des réformistes du Bas et du Haut-Canada après l'adoption des Résolutions Russell.

Au Bas-Canada (Québec), les Patriotes sont défaits après les ba-

LE MONDE

1833
Angleterre : abolition de l'esclavage.

1834
France et Angleterre : répression des ouvriers qui protestent contre l'interdiction d'association des gouvernements.

1835
Angleterre : Lord Melbourne devient premier ministre.

1837
Angleterre : début du long règne de la reine Victoria qui restaurera le prestige de la couronne britannique alors que le pays est à l'apogée de sa puissance mondiale.

ANTOINE LABELLE ET SON MILIEU

tailles de Saint-Charles et de Saint-Eustache.

Ignace Bourget est nommé évêque coadjuteur à Montréal.

Alexis Tremblay pénètre au Saguenay.

1838
À partir de l'âge de 5 ans, Antoine fréquente l'école primaire de Sainte-Rose-de-Laval.

Robert Nelson proclame la République du Bas-Canada, mais cette seconde insurrection est réprimée.

1839
Le 15 février, douze patriotes sont pendus à la prison au pied du courant à Montréal.

Lord Sydenham est nommé gouverneur.

1840
À la mort de Mgr Lartigue, Ignace Bourget est nommé évêque de Montréal.

1841
Naissance d'une fille chez les Labelle.

Entrée en vigueur de l'Acte d'union. Le gouvernement responsable n'est pas accordé au Canada-Uni et l'anglais est la seule langue officielle.

LE MONDE

Résolutions Russell : refus de Londres d'accorder la responsabilité ministérielle aux assemblées législatives élues du Haut et du Bas-Canada.

1838
Angleterre : lord Durham est nommé gouverneur en chef de toutes les provinces britanniques d'Amérique du Nord et il est chargé d'enquêter sur les troubles.

1839
Angleterre : publication du rapport de lord Durham qui recommande d'unir les deux Canadas afin d'assurer une majorité anglaise et d'angliciser les Canadiens français.

1840
Angleterre : le Parlement sanctionne l'Acte d'union.

1841
États-Unis : les premiers colons franchissent la barrière des montagnes Rocheuses dans leur conquête de l'Ouest.

ANTOINE LABELLE ET SON MILIEU

1842
Canada-Uni : le nouveau gouverneur, Charles Bagot, met en place le ministère LaFontaine-Baldwin.

Le commissaire des Terres de la couronne, futur premier ministre du Canada-Uni, Augustin-Norbert Morin, est le premier à favoriser l'établissement de colons sur les terres du nord de Montréal.

1844
Antoine entre au petit séminaire de Sainte-Thérèse pour poursuivre ses études classiques. Il s'intéresse surtout à l'histoire et à la philosophie.

Fondation de l'Institut canadien de Montréal.

Mgr Bourget fonde la Société de colonisation pour détourner l'émigration des Canadiens français vers les Cantons de l'Est plutôt que vers les États-Unis.

1845
Décès de la sœur d'Antoine, qui restera fils unique.

Le clergé se fait le promoteur du développement de nouvelles régions de colonisation telles que le Saguenay et la Mauricie.

Début de la publication de l'*Histoire du Canada* de François-Xavier Garneau.

LE MONDE

1842
France : la Chambre adopte une loi organisant les chemins de fer français.

1844
États-Unis : transmission du premier message télégraphique (Washington-Baltimore) par Samuel Morse.

1845
États-Unis : annexion du Texas.

Irlande : début de la grande famine causée par la maladie de la pomme de terre et, dans les années subséquentes, forte immigration aux États-Unis et au Canada. Au Québec, ils s'installent dans les régions anglophones de Montréal et des Cantons de l'Est.

ANTOINE LABELLE ET SON MILIEU

LE MONDE

Le Britannique John Franklin part à la recherche d'un passage au nord-ouest.

1847
Canada-Uni : lord Elgin est nommé gouverneur. Victoire des réformistes aux élections.

Fondation du journal de l'Institut canadien de Montréal, *L'Avenir*, par Antoine-Aimé Dorion, chef du parti rouge, héritier des Patriotes de 1837, et qui défend les principes démocratiques et républicains.

1847
Angleterre : la journée de travail des femmes et des enfants est restreinte à 10 heures.

Fondation de la Ligue des communistes qui adopte les principes de Karl Marx, c'est-à-dire le renversement de la bourgeoisie et la dictature du prolétariat.

1848
Canada-Uni : le principe de la responsabilité ministérielle est accepté et le gouvernement LaFontaine-Baldwin forme son propre conseil exécutif. La langue française est reconnue en Chambre et dans les documents officiels.

Fondation de l'Institut canadien de Québec.

1848
États-Unis : ruée vers l'or de la Californie.

France : le roi Louis-Philippe est renversé, la République est proclamée et le suffrage universel est établi. Louis-Napoléon Bonaparte, neveu de Napoléon Ier, est élu président.

1849
Émeute à Montréal à cause de l'adoption de la loi qui indemnise les victimes de la rébellion de 1837-1838. Le parlement de Montréal est incendié.

1849
Angleterre : abolition des lois de navigation et fin du protectionnisme pour les colonies.

États allemands : une série de soulèvements se terminent dans la répression ; à l'exemple du roi Frédéric-Guillaume IV de Prusse, les monarques affermissent leur autorité.

ANTOINE LABELLE ET SON MILIEU	LE MONDE

1851

Le Canada-Ouest, avec 952 004 habitants, est désormais plus populeux que le Canada-Est, qui compte 890 261 habitants.

Canada-Uni : le Parlement adopte une monnaie décimale (dollars et cents) en remplacement de la monnaie anglaise. Le ministère Hincks-Morin dirige le gouvernement.

1851

France : coup d'État de Louis-Napoléon Bonaparte ; il dissout l'Assemblée et organise son pouvoir personnel.

1852

Reçu bachelier, Antoine commence sa formation cléricale et étudie la théologie au petit séminaire de Sainte-Thérèse. Il est maître de salle et régent auprès des jeunes séminaristes.

Fondation de la paroisse de Sainte-Adèle par l'honorable Augustin-Norbert Morin. La municipalité de Val-Morin en sera détachée en 1922.

À Québec, fondation de l'Université Laval, première université canadienne-française et catholique.

1852

France : Louis-Napoléon Bonaparte rétablit l'Empire et prend le nom de Napoléon III.

Piémont-Sardaigne : le roi Victor-Emmanuel II appelle au pouvoir le comte de Cavour qui sera le grand artisan de l'unité italienne.

1853

Fondation de la paroisse de Saint-Sauveur qui deviendra une municipalité en 1855.

Canada : formation de la compagnie ferroviaire du Grand Tronc pour renforcer l'axe commercial est-ouest canadien.

ANTOINE LABELLE ET SON MILIEU

1856

Après une année passée au Grand Séminaire de Montréal, Antoine est ordonné prêtre le 1ᵉʳ juin à Sainte-Rose par Mᵍʳ Pierre-Adolphe Pinsonneault. Mᵍʳ Bourget le nomme vicaire dans la paroisse du Sault-au-Récollet (nord de Montréal).

Canada-Uni : le ministère Taché-J. A. Macdonald dirige le gouvernement.

1857

Canada-Uni : formation du ministère MacDonald-Cartier.

1859

Nommé vicaire à Saint-Jacques-le-Mineur, Antoine Labelle est nommé curé à Saint-Antoine-Abbé quelques mois plus tard. À 26 ans, il est le plus jeune curé de tout le diocèse. Il est en contact pour la première fois avec l'émigration massive des Canadiens français vers les États-Unis.

1860

Le curé Labelle rencontre pour la première fois l'historien et sociologue français François-Edme Rameau de Saint-Père, auteur de *La France aux colonies*. Ce traité s'inquiète de l'exil des Canadiens français aux États-Unis et propose le peuplement du nord du pays.

LE MONDE

1856

Allemagne : découverte à Néandertal des restes d'un *homo sapiens* qui remonterait à 70 000 ans av. J.-C.

Fin de la guerre de Crimée : la Russie du tsar Alexandre II se voit contrainte, par le traité de Paris, de reconnaître l'intégrité du territoire turc.

1857

États-Unis : de nombreuses faillites bancaires entraînent la ruine de plusieurs entreprises. La crise atteint les centres financiers et industriels européens.

1859

Italie : Napoléon III est vainqueur des Autrichiens à Solferino. Insurrections en série pour l'unité italienne.

1860

États-Unis : élection du président Abraham Lincoln.

Italie : l'expédition du général Garibaldi en Sicile permet d'intégrer l'Italie du Sud au royaume piémontais.

ANTOINE LABELLE ET SON MILIEU

1861
Décès d'Antoine Labelle père. Le curé Labelle hébergera sa mère jusqu'à ce qu'il meure, six mois avant elle.

Canada-Uni : Lord Monk devient gouverneur.

1863
Antoine est nommé curé à Saint-Bernard-de-Lacolle où il tente de régler le problème de la localisation et de la construction de l'église.

1864
Canada-Uni : les Pères de la Confédération se réunissent à Charlottetown et à Québec pour discuter d'un projet de fédération canadienne.

1865
Le parlement du Canada-Uni est établi définitivement à Ottawa.

1867
Mgr Bourget ne permet pas au curé Labelle d'émigrer aux États-Unis.

Québec : Pierre-Joseph-Olivier Chauveau, conservateur, devient premier ministre.

LE MONDE

1861
Italie : Victor-Emmanuel II est sacré roi.

États-Unis : début de la guerre de Sécession entre les États du Nord, partisans de l'abolition de l'esclavage, et ceux du Sud, favorables à son maintien.

1863
États-Unis : bataille de Gettysburg en Pennsylvanie où le général sudiste Robert E. Lee est défait et arrêté dans sa conquête du Nord.

1864
États-Unis : guerres indiennes dans l'Ouest américain.

Angleterre : à Londres se tient la Première Internationale ouvrière.

1865
États-Unis : fin de la guerre de Sécession et abolition de l'esclavage. Assassinat d'Abraham Lincoln par un fanatique sudiste, John Wilkes Booth.

1867
Acte de l'Amérique du Nord britannique : création du Dominion du Canada qui divise le pays en quatre provinces, le Québec, l'Ontario, le Nouveau-Brunswick et la Nouvelle-Écosse. John A. Macdonald, conservateur, est premier ministre ; le groupe

ANTOINE LABELLE ET SON MILIEU

LE MONDE

canadien-français de ce parti est dirigé par George-Étienne Cartier.

États-Unis : achat de l'Alaska à la Russie.

Italie : le général Garibaldi marche sur Rome et est arrêté par les troupes françaises.

1868

Antoine est nommé curé dans la paroisse de Saint-Jérôme, fonction qu'il occupera jusqu'à sa mort. Il milite activement pour le Parti conservateur et pour son député provincial, Joseph-Adolphe Chapleau.

1868

Vatican : les premiers zouaves canadiens partent pour Rome se joindre aux troupes pontificales défendre les territoires détenus par le Saint-Siège.

1869

Mᵍʳ Bourget excommunie les membres de l'Institut canadien.

1869

Égypte : ouverture du canal de Suez, dont les travaux ont été supervisés par Ferdinand de Lesseps, et qui relie la mer Rouge à la Méditerranée.

1870

Des incendies de forêt d'une ampleur exceptionnelle ravagent le Saguenay et le Lac-Saint-Jean. D'autres éclatent en Gaspésie, dans la région de Trois-Rivières et dans la vallée de l'Outaouais.

1870

Canada : le Manitoba devient une province.

France : guerre franco-prussienne et chute de Napoléon III. La république est proclamée à Paris.

Italie : Rome tombe aux mains des troupes de Garibaldi et devient la capitale du royaume d'Italie.

1871

Québec : la population s'élève à 1 191 516 habitants.

1871

Canada : la Colombie-Britannique entre dans la Confédération.

Antoine Labelle

ANTOINE LABELLE ET SON MILIEU

Mort de Louis-Joseph Papineau dans son manoir de Montebello.

LE MONDE

Allemagne: proclamation de l'empire allemand; le roi de Prusse, Guillaume 1er, devient empereur.

France: Paris insurgé proclame la Commune qui succombe à la répression après deux mois. Adolphe Thiers est nommé président de la République.

1872

Le curé Labelle dirige un convoi de 80 traîneaux destiné à fournir du bois de chauffage aux familles pauvres de Montréal.

1872

France: loi contre l'Internationale; toute propagande socialiste en vue de changer la société est interdite.

1873

Le curé Labelle obtient l'envoi de deux frères enseignants de la congrégation de Sainte-Croix à Saint-Jérôme afin de mettre sur pied une école pour garçons.

Québec: le conservateur Gédéon Ouimet devient premier ministre.

1873

Canada: Alexander Mackenzie devient premier ministre. L'Île-du-Prince-Édouard entre dans la Confédération. Décès de George-Étienne Cartier.

Triple-Alliance entre l'Allemagne, l'Autriche et la Russie afin d'isoler la France.

Début d'une crise économique qui se répandra dans l'ensemble de l'Occident.

1874

Grâce aux subsides obtenus par le curé Labelle, la nouvelle école pour garçons, le «collège commercial», ouvre ses portes à temps pour la rentrée scolaire des 200 élèves.

Québec: le conservateur Charles Boucher de Boucherville devient premier ministre.

1874

Canada: victoire libérale d'Alexander Mackenzie, premier ministre, et premier mandat comme député fédéral de Wilfrid Laurier.

Paris: première exposition des impressionnistes.

ANTOINE LABELLE ET SON MILIEU

1876
Ouverture d'une succursale de l'Université Laval à Montréal dirigée de Québec et où l'évêque de la métropole n'a aucun rôle à tenir. Mgr Bourget démissionne et est remplacé par Charles-Édouard Fabre.

Le tronçon de chemin de fer Montréal-Saint-Jérôme est inauguré.

1878
Québec : le libéral Henri-Gustave Joly de Lotbinière devient premier ministre.

1879
Arthur Buies devient le premier collaborateur du curé Labelle, qui lui obtient une sinécure au département des Terres de la couronne.

Le curé Labelle fonde la Société de colonisation du diocèse de Montréal pour assurer des moyens de financement à la colonisation dans les Laurentides.

Québec : le conservateur J.-Adolphe Chapleau devient premier ministre.

LE MONDE

1876
Canada : adoption de la loi des Indiens qui institue les « réserves ».

États-Unis : Alexander Graham Bell invente le téléphone.

Angleterre : Victoria est couronnée impératrice des Indes.

1878
Canada : John A. Macdonald redevient premier ministre.

États-Unis : Thomas Edison invente la lampe à incandescence. La supériorité de l'éclairage électrique s'impose rapidement dans les villes.

1879
Canada : inauguration du chemin de fer Québec-Montréal-Ottawa Occidental.

Alliance défensive entre l'Autriche-Hongrie et l'Allemagne contre la Russie.

Antoine Labelle

ANTOINE LABELLE ET SON MILIEU

1880
Arthur Buies rédige *Le Saguenay et la vallée du lac Saint-Jean ; étude historique, géographique, industrielle et agricole.*

1881
Saint-Jérôme reçoit le statut de ville. Le curé Labelle exerce de nouvelles pressions pour obtenir le prolongement du chemin de fer au nord-ouest de Saint-Jérôme. Il tente d'attirer l'implantation de nouvelles industries et joue un rôle dans l'établissement à Saint-Jérôme de l'importante fabrique de papier Jean-Baptiste Rolland.

1882
Québec : Chapleau est nommé secrétaire d'État dans le gouvernement fédéral de Macdonald et Joseph-Alfred Mousseau devient premier ministre.

1883
Le gouvernement Mousseau crée une loterie nationale vouée à la cause de la colonisation.

Début de la colonisation du Témiscamingue.

LE MONDE

1880
Canada : l'ingénieur William C. Van Horne dirige les travaux de construction du chemin de fer transcontinental du Canadien Pacifique.

Inauguration des travaux du canal de Panama sous la direction de Ferdinand de Lesseps.

1881
Russie : assassinat du tsar Alexandre II.

1882
Triple alliance entre l'Allemagne, l'Autriche-Hongrie et l'Italie, entente assurant l'isolement de la France en cas de guerre.

Protectorat de l'Angleterre sur l'Égypte.

1883
Mort du philosophe et militant socialiste Karl Marx et fondation du parti communiste russe.

ANTOINE LABELLE ET SON MILIEU

1884
Fondation du journal *La Presse* à Montréal.

Québec : le conservateur John Jones Ross devient premier ministre.

1885
En mission officielle pour le gouvernement canadien, le curé Labelle parcourt l'Europe dans le but d'attirer des immigrants et des capitaux. Il se rend en France, en Belgique, en Suisse et en Italie. Il rencontre le géographe Onésime Reclus avec qui il fonde la Société de colonisation du lac Témiscamingue.

1886
L'archevêque de Québec, Mgr Elzéar-Alexandre Taschereau, devient le premier cardinal canadien ; l'évêque de Montréal, Mgr Fabre, devient le premier archevêque de cette ville.

1887
Le curé Labelle a effectué 45 voyages d'exploration du Nord laurentien depuis sa nomination à Saint-Jérôme ; il plante une croix à différents lieux choisis qui deviendront Saint-Jovite, Saint-Faustin, Labelle, Nominingue, etc. Il milite pour la création d'un nouveau diocèse à Saint-Jérôme.

Inauguration du chemin de fer Québec-Lac-Saint-Jean.

LE MONDE

1884
France : reconnaissance du droit de grève et du droit d'association des syndicats professionnels.

1885
Ouest canadien : soulèvement des Métis de Louis Riel qui craignent de perdre leurs terres aux mains du Canadien Pacifique. La pendaison de Louis Riel ébranle l'unité canadienne.

1886
Canada : inauguration du chemin de fer transcontinental.

Conférence à Berlin : partage de l'Afrique entre les puissances européennes.

1887
Angleterre : jubilé d'or de la reine Victoria.

Antoine Labelle

ANTOINE LABELLE ET SON MILIEU

Québec : le libéral Honoré Mercier, à la tête d'un parti national, succède au conservateur L.-Olivier Taillon.

1888
Mercier favorise la colonisation en créant le département de l'Agriculture et de la Colonisation. Il nomme le curé Labelle au poste de sous-ministre. Celui-ci obtient le « bill des 100 acres », terre offerte gratuitement aux familles de 12 enfants vivants.

1889
Mercier obtient de Léon XIII que le curé Labelle soit nommé protonotaire apostolique *ad instar*, l'équivalent d'évêque sans diocèse.

Arthur Buies publie *L'Outaouais supérieur*.

1890
De janvier à septembre, Mgr Labelle se rend une seconde fois en Europe dans le but d'activer l'immigration française et de défendre son projet de diocèse. À la suite de son échec, il démissionne de son poste de sous-ministre, mais sa démission est refusée par Mercier.

Depuis 1850, 580 000 Canadiens français ont émigré vers les États-Unis.

LE MONDE

1888
Allemagne : Guillaume II monte sur le trône.

1889
France : Gustave Eiffel termine la réalisation de la fameuse tour qui porte son nom pour l'Exposition universelle de Paris.

Fondation de la IIe Internationale par le congrès de Paris qui réunit des socialistes de 23 pays.

1890
États-Unis : à Wounded Knee (Dakota du Sud), massacre par la cavalerie américaine des Sioux dirigés par le chef Big Foot.

France : Clément Ader fait voler le premier engin à moteur qu'il nomme «avion».

ANTOINE LABELLE ET SON MILIEU

1891
Décès d'Antoine Labelle le 4 janvier à Québec, à la suite d'une brève maladie. Il est inhumé à Saint-Jérôme où se forme un comité qui échoue dans sa volonté d'ériger un monument à sa mémoire.

Québec: destitution de Mercier à la suite du scandale du chemin de fer de la baie des Chaleurs. Charles Boucher de Boucherville redevient premier ministre.

1892
Le chemin de fer se rend jusqu'à Sainte-Agathe et, l'année suivante, jusqu'à Labelle.

Québec: Louis-Olivier Taillon redevient premier ministre.

1896
Décès de Mgr Fabre.

Québec: le conservateur Edmund Flynn devient premier ministre.

1897
Formation d'un deuxième comité du monument Labelle, encore boycotté par le successeur du curé Labelle, le curé Lafortune.

LE MONDE

1891
Vatican: le pape Léon XIII publie l'encyclique *Rerum novarum* qui condamne les inégalités engendrées par le développement industriel.

Canada: décès du premier ministre Macdonald; le conservateur John Abbott lui succède.

États-Unis: Thomas Edison et William Dickson font breveter une caméra nommée *kinetograph*.

Russie: début de la construction du chemin de fer transsibérien.

1892
Canada: le conservateur John S. Thompson devient premier ministre.

1896
Canada: le parti libéral de Wilfrid Laurier, qui succède au conservateur Charles Tupper, prend le pouvoir.

Grèce: tenue à Athènes des premiers Jeux olympiques modernes.

1897
Angleterre: le physicien Guglielmo Marconi établit la première communication par télégraphie sans fil, et Joseph John Thomson découvre

Antoine Labelle

ANTOINE LABELLE ET SON MILIEU

Québec : le libéral Félix-Gabriel Marchand devient premier ministre.

1901
Décès d'Arthur Buies.

1924
Dévoilement du monument du curé Labelle, œuvre du sculpteur Alfred Laliberté, dans un parc qui porte son nom à Saint-Jérôme.

LE MONDE

la présence des électrons dans l'atome.

L'Autrichien Theodor Herzl fonde le sionisme qui a pour but de créer un État juif en Palestine.

1901
Angleterre : mort de la reine Victoria, avènement d'Édouard VII, son fils aîné.

États-Unis : Theodore Roosevelt devient président après l'assassinat du président McKinley.

Éléments de bibliographie

AUCLAIR, abbé Élie-J., *Le curé Labelle: sa vie et son œuvre: ce qu'il était devant ses contemporains, ce qu'il est devant la postérité* [préface de Jules-Édouard Prévost], Montréal, Librairie Beauchemin limitée, 1930, 271 p.

BERNARD, Jean-Paul, *Les Rouges. Libéralisme, nationalisme et anticléricalisme au milieu du XIXe siècle*, Montréal, Les Presses de l'Université du Québec, 1971, 388 p.

BLANCHARD, Raoul, *Le Canada français*, Paris, Librairie Arthème Fayard, 1960, 316 p.

BUIES, Arthur, *L'Outaouais supérieur*, Québec, C. Darveau, 1889, 309 p.

———, *Au portique des Laurentides*, suivi de *Une paroisse moderne* et de *Le curé Labelle*, Québec, C. Darveau, 96 p.

DUSSAULT, Gabriel, *Le curé Labelle: messianisme, utopie et colonisation au Québec, 1850-1900*, Montréal, Hurtubise HMH, 1983, 392 p.

HAMELIN, Jean et Jean PROVENCHER, *Brève histoire du Québec*, Montréal, Boréal Express, 1987, 126 p.

LÉVESQUE, Robert et Robert MIGNER, *Le curé Labelle :
le colonisateur, le politicien, la légende*, Montréal :
La Presse, 1979, 203 p.

PROULX, J.B., *Cinq mois en Europe ou Voyage du Curé
Labelle en France en faveur de la colonisation*,
Montréal, Beauchemin et Fils, 1888, 257 p.